储备多元化问题研究

杨子健◎著

经济管理出版社
ECONOMY & MANAGEMENT PUBLISHING HOUSE

图书在版编目（CIP）数据

储备多元化问题研究/杨子健著．—北京：经济管理出版社，2018.11
ISBN 978－7－5096－6255－7

Ⅰ.①储…　Ⅱ.①杨…　Ⅲ.①战略物资—国家物资储备—研究—中国　Ⅳ.①F259.21

中国版本图书馆CIP数据核字(2018)第273914号

组稿编辑：何　蒂
责任编辑：何　蒂　钱雨荷
责任印制：黄章平
责任校对：董杉珊

出版发行：经济管理出版社
（北京市海淀区北蜂窝8号中雅大厦A座11层　100038）
网　　址：www.E－mp.com.cn
电　　话：(010) 51915602
印　　刷：北京玺诚印务有限公司
经　　销：新华书店
开　　本：720mm×1000mm/16
印　　张：12.25
字　　数：199千字
版　　次：2018年11月第1版　　2018年11月第1次印刷
书　　号：ISBN 978－7－5096－6255－7
定　　价：45.00元

前　言

储备，是国家应对各种风险和挑战的重要工具，也是维护国家安全的重要物质保障。中华人民共和国成立之初，我国饱受战争洗礼，国力贫弱，一穷二白，各类物资极度匮乏。为防备战争、防备灾荒、防备国民经济重大比例失调，确保国防和国内经济建设所需重要物资的可靠供应，我国建立了国家物资储备制度。经过几十年的不断发展，逐步形成了较为完善的物资储备体系，在我国经济社会发展的不同阶段均发挥了积极作用。到目前为止，我国国家储备的主要物资包括能源、农副产品、有色金属、稀贵金属、武器装备等关系国计民生的重要商品，涉及国民经济和社会发展的各个领域，为我国全面深化改革和进一步完善中国特色社会主义市场经济保驾护航。

然而长期以来，我国储备主要采取行政管理方式，由不同部门归口管理，条块分割。各储备管理部门之间彼此缺乏相互沟通与联系，与社会其他部门也鲜有交流与融合，导致国家储备改革发展相对滞后，限制了国家储备整体功能的发挥。为了破除封闭，激发储备改革发展活力，必须拓宽视野，跳出储备自身桎梏，努力汲取改革开放40年各领域发展经验，多视角审视和谋划储备未来发展。多元化恰恰是储备打破封闭，创新发展的有效途径。

鉴于此，本书从基本概念出发，对不同维度储备多元化问题进行了探讨，以期对储备理论和实践发展有所促进。本书的特点是：

第一，基础性。纵观国家储备理论和实践发展历程，不难发现我国储备理论研究严重滞后于储备实践。现有研究主要集中在外汇储备、黄金储备、土地储备等方面，对其他重要商品储备的研究相对较少且不够系统深入，甚至对储备的基本概念、功能作用、运作原理等基础理论都没有形成共识。因此，本书从储备的基本内涵出发，就储备多元化过程中储备的功能作用、主客体形式、运作管理手段等内容进行了较为深入的剖析。

第二，政策性。国家储备是政府提供的一种公共产品，具有较强的政策性。本书结合当前我国经济社会发展对储备的现实需求以及未来储备发展趋势，力求贴合重大国家战略以及对储备改革发展的最新政策要求，从不同视角提出储备多元化发展思路和建议。

第三，系统性。本书在研究思路上确定了储备主体多元化、储备客体多元化和储备运作管理多元化三个维度，实际上构成了国家储备运行管理闭环，囊括了储备工作的各个层面，从而将储备多元化发展更加立体地展现出来。

储备是一项多目标、跨学科、跨领域的复杂工作，虽然笔者长期从事国家储备经济管理理论研究，但受知识结构和能力的限制，不免在本书论述中存在认识上的偏颇或谬误，希望广大储备工作者和读者批评指正，共同促进储备理论研究和实践发展。

目 录

第一章 导 论 …… 1

第一节 研究背景 …… 1

第二节 多元化相关问题的研究现状 …… 3

一、企业多元化 …… 3

二、公共产品多元化 …… 4

三、外汇储备多元化 …… 6

四、其他储备多元化 …… 8

第三节 研究思路和主要内容 …… 11

一、研究思路 …… 11

二、研究内容 …… 13

第二章 储备概述 …… 15

第一节 储备的有关概念 …… 15

一、储备 …… 15

二、国家储备 …… 18

第二节 储备的功能作用 …… 27

一、维护国家安全 …… 27

二、保障经济健康运行 …… 29

三、保持社会稳定 …… 30

第三节　储备管理的主要活动 …… 31
一、储备基本活动 …… 31
二、国家物资储备辅助活动 …… 34

第三章　国外储备发展概述 …… 37

第一节　国外储备发展历程回顾 …… 37
第二节　美国储备发展概况 …… 39
一、美国国防物资储备 …… 39
二、美国战略石油储备 …… 43
第三节　日本储备发展情况 …… 46
一、日本稀有金属储备 …… 47
二、日本石油储备 …… 50
第四节　俄罗斯储备发展情况 …… 54
一、俄罗斯物资储备的管理体系 …… 55
二、储备物资的运作管理 …… 55
第五节　国际能源署石油储备机制 …… 57
一、国际能源署石油储备的设立依据及响应措施 …… 58
二、国际能源署成员国应急协调行动的响应措施 …… 58
三、国际能源署成员国的储备能力 …… 60
四、国际能源署石油应急储备机制发挥作用的实例 …… 62
第六节　国外储备发展的启示 …… 62
一、储备与立法 …… 62
二、储备与市场 …… 63

第四章　我国储备发展现状 …… 65

第一节　我国储备发展历史脉络 …… 65
第二节　主要储备部门发展情况 …… 73
一、国家物资储备 …… 73
二、中央储备粮 …… 74

三、国家煤炭应急储备 …… 79
四、军队物资储备 …… 82
第三节 我国储备存在的主要问题 …… 84
一、管理体制不顺，顶层设计有待加强 …… 84
二、储备管理单一，储备模式有待创新 …… 87
三、储备运行机制不完善，管理水平有待提高 …… 88
第四节 我国储备的发展趋势 …… 90
一、组织管理集中化 …… 90
二、运行机制市场化 …… 91
三、储备发展多元化 …… 92
四、运作管理规范化 …… 93

第五章 储备主体多元化 …… 95

第一节 储备投资主体多元化 …… 96
一、投资主体 …… 96
二、储备投资主体 …… 97
三、储备投资主体的资金渠道 …… 102
第二节 储备管理主体多元化 …… 107
一、管理主体 …… 107
二、储备管理主体 …… 108
三、储备管理的主要模式 …… 119

第六章 储备客体多元化 …… 122

第一节 储备形式多元化 …… 122
一、有形储备 …… 123
二、无形储备 …… 127
三、储备形式多元化的意义 …… 131
第二节 金融资产储备与实物资产储备配置分析 …… 132
一、金融资产储备和实物资产储备配置的意义 …… 133

二、黄金储备与重要金属储备优化配置实证分析 …… 134
第三节 储备功能多元化 …… 143
一、储备功能演变脉络分析 …… 143
二、储备细化功能 …… 145

第七章 储备运作管理多元化 …… 156

第一节 储备运作管理多元化的内涵和意义 …… 156
第二节 收储管理多元化 …… 158
一、储备物资来源多元化 …… 158
二、采购方式多元化 …… 161
第三节 处置管理多元化 …… 163
一、处置渠道多元化 …… 163
二、轮换模式多元化 …… 165

第八章 储备发展展望 …… 167

第一节 优化储备顶层设计和运行机制 …… 167
一、加强顶层设计，加快推动储备改革创新 …… 167
二、健全运作机制，促进储备科学发展 …… 169
第二节 提升储备运作管理水平 …… 174
一、优化储备品种规模布局，提升储备综合保障能力 …… 174
二、夯实基础，提高储备管理现代化 …… 176
第三节 强化储备理论和法治保障 …… 178
一、加强储备理论支撑 …… 178
二、加快储备法治化进程 …… 179

参考文献 …… 180

后 记 …… 187

第一章 导 论

第一节 研究背景

储备古已有之。远古时期人类还处于渔猎阶段，食物来源很不稳定，因此在食物充裕的时候，人们就有意识地进行储存，积谷防饥，这是储备最原始的功能。随着国家的出现，统治阶级将国家储备作为维持和巩固政权的手段，此时的国家储备主要用于军队作战，也用于应对饥荒和维持社会稳定，储备品种主要包括粮食、金帛、马匹、武器等。随着社会的发展，商品交易规模日益扩大，储备又被赋予了平抑商品价格、防止囤积居奇的功能。例如，西汉时期桑弘羊提出的平准制就是发挥的这一功能，并为后世所沿用。

中华人民共和国成立后，我国储备经历了一个从无到有、从小到大的发展过程。计划经济时期，国家储备在支持国内工农业生产、抵御国外经济封锁、备战备荒、防止国民经济重大比例失调等方面发挥了重要作用。改革开放以后，我国经济体制逐步由计划经济向社会主义市场经济转变，经济全球化与一体化不断深化，面临的国内外风险日益复杂多样，对我国储备的改革发展提出了新的更高要求。近年来，我国工业化和城镇化快速发展，导致重要能源资源消费规模不断扩大，对外依存度显著提高，市场价格快速攀升并在多重因素影响下大幅波动，重要能源资源供应安全面临巨大挑战。另外，自然灾害、重大生产事故、公共卫生事件等各种不确定风险交织在一起，这就要求我们提早应对，未雨绸缪。

当前，我国综合国力显著提高，国家储备体系不断完善，形成了石油储备、粮食储备、战略物资储备、救灾储备等十余大类储备，涉及国民经济和社会发展的各个领域，是维护国家安全的重要物质保障。但是，随着我国改革开放的不断深入，我国所处的国内、国际环境发生深刻变革，国家储备所处的内外部环境也发生了巨大变化。首先，我国社会主义市场经济体制逐步确立并不断完善，党的十八届三中全会进一步强调要使市场在资源配置中起决定作用，而我国储备脱胎于计划经济并具有浓厚的行政色彩，在管理体制、调控方式等方面还无法适应社会主义市场经济的要求。其次，我国工业化和城镇化进程不断加快，各种能源资源消费规模不断扩大，重要商品供应安全问题日益突出，新问题新情况不断涌现，国家储备维护国家安全的任务更加复杂多样，对国家储备的改革发展提出了更高要求。最后，我国储备以政府为主导，行政管理为主，即使部分储备实行企业化方式运作，但依然无法摆脱行政束缚，造成管理理念落后，管理方式陈旧，进而导致储备运作效率和财政资金效益不高，这就要求各储备部门要深化改革，进一步加快管理创新。

回首国家储备发展的几十年风雨历程，各储备部门存在一个普遍问题，即封闭。一方面，各储备部门之间由于实行归口管理、条块分割，彼此各自为政，自成体系，很少进行交流沟通，难以跨越部门利益藩篱，比如各储备部门仓储设施共享共用方面缺乏合作，导致重复建设和资源闲置问题难以避免。另一方面，储备与社会其他部门缺乏交流与融合，未能在改革开放进程中找准定位，改革创新不足，导致国家储备在我国经济运行体系中被逐渐弱化和边缘化。为了破除封闭，我们必须打开视野，跳出储备，站在更高的战略层面谋划储备的发展。多元化是打破封闭的一种重要途径，能够为国家储备发展注入更多活力。本书将从不同的角度探讨储备多元化的方法途径，为国家储备能够进一步完善管理体制，更好地整合利用内外部资源，不断提高管理效率提供参考和借鉴。

第二节 多元化相关问题的研究现状

为了更好地了解储备多元化的方法和路径，本书对不同领域多元化发展的有关情况进行了梳理总结，以资借鉴。多元化是战略管理学中的一个概念，也称之为多角化，之后被广泛用于各个领域，本书将重点对企业多元化、公共产品多元化、外汇储备多元化等几个领域进行简要介绍。

一、企业多元化

在管理学中，多元化一般与企业的生产经营相联系，因此也称为“企业多元化”。20 世纪三四十年代，随着市场和企业管理理念的进步，企业从只生产一种产品转向生产同一系列的多种产品，到最后生产不同系列的多种产品，这种现象引起了社会的广泛关注，管理学、经济学领域学者称这种现象为企业多元化。

多元化经营战略（Diversification Strategy），又称多角化经营或多样化经营。著名经营战略专家安索夫（Ansoff，1957）在“产品/市场战略组合”中，提出当产品不能实现企业发展目标时，企业应考虑进入新的产品领域的战略选择。潘罗斯（Penrose，1959）在其发表的专著《企业成长理论》中认为，多元化包括产品的增加、垂直一体化程度的增加和经营领域的增加，并且企业拥有的资源影响其多元化的发展，而多元化的成功率则与原有专长领域有关。鲁梅尔特（R. P. Rumelt，1974）指出，多角化战略是通过结合有限的多角化的实力、技能或目标，与原来活动相关联新的活动方式表现出来的战略，其实质是拓展进入新的领域，强调培植新的竞争优势和现有领域的壮大①。

企业多元化战略主要包括四种类型：一是同心多元化经营战略，指企业利用原有的生产技术条件，制造与原产品用途不同的新产品。二是水平多元化经营战略，也称为横向多角化经营战略，指企业生产新产品销售给原市场的顾客，以满

① 张萍 . A 电力物业企业战略研究［D］. 南京理工大学，2007.

足他们的新需求。三是垂直多元化经营战略，也称为纵向多元化经营战略。它又分为前向一体化多角经营战略和后向一体化多角经营战略。前向一体化多角经营，是指原料工业向加工工业发展，制造工业向流通领域发展。后向一体化多角经营，指加工工业向原料工业或零部件、元器件工业扩展。四是整体多角化经营战略，也称混合式多角化经营战略，指企业向与原产品、技术、市场无关的经营范围扩展。除了上述分类之外，鲁梅尔特（R. R. Rumelt）还采用专业比率、关联比率、垂直统一比率三个量化指标和集约/扩散标准，将多角化经营战略分为垂直型、专业型、本业中心型、相关型、非相关型五种类型①。

多角化经营属于公司层的战略，是公司成长到一定阶段的必然产物。企业多元化发展的因素可能来自企业外部，也可能来自企业内部。就外部环境而言，社会需求的变化、新技术的产生和发展、竞争格局的变化都可能促使企业谋求多元化。对内部而言，企业可能因为要充分利用闲置或过剩资源，也可能为进一步扩大经营而实施多元化。

企业运用多角化经营战略主要起到三方面作用：一是分散风险，提高经营安全性，增强适应外部环境的应变能力。二是向新领域拓展可能获得更高的收益和更好的发展前景，有利于企业向前景好的新兴行业转移。三是通过多角化经营，扩展服务项目，促进企业原业务的发展。

二、公共产品多元化

公共产品是私人产品的对称，是指一个社会中为全体公众所享用、消费的物品或服务，它们具有消费或使用上的非竞争性和受益上的非排他性。按照公共产品的供给、消费、技术等特征，公共产品可以划分为纯公共产品和准公共产品。

（一）公共产品供给多元化

20 世纪 70 年代以来，世界范围内兴起了公共产品提供民营化改革的浪潮，实质是利用市场机制的力量改善公共产品供给绩效，其主题是政府的收缩和市场机制的回归。传统公共管理理论认为，公共产品供给中的生产者和分配者的角色

① MBA 智库百科．多角化经营战略［EB/OL］．https：//wiki. mbalib. com/wiki/多角化经营战略，2018.

是合一的。现代公共管理理论则认为，公共产品的生产者和分配者是可以分离的，主张将公共产品生产者的角色不同程度地转交给政府之外的私人组织、志愿组织甚至是个人。

目前我国公共产品短缺的现象还十分严重。主要问题体现在以下几个方面：一是公共产品、公共服务制度改革严重滞后于经济社会发展进程①，公共产品、公共服务供给不足。二是公共产品的供应主体缺失，除政府外第三方（非营利组织或私人）积极性未能有效调动，而在国外却非常发达②。三是由于政府公共权力垄断导致政府提供公共产品、公共服务表现出高成本、低质量、低满意度、低合法性等问题③。

为应对以上问题，顺应现代公共管理改革趋势，公共产品供给多元化的理论探索和实践不断深化，大部分研究和实践集中在公共产品供给主体多元化方面。从参与主体的角度，有人提出创造多样化的政府介入公共产品的提供方式，关键是处理好政府直接提供公共产品和间接提供公共产品的关系。从投资主体的角度，有人提出引入市场、志愿部门，与政府一起形成公共产品提供主体的多元化，最终形成多主体合作提供公共产品的局面。以高等教育投资主体多元化为例，目前我国已经建立高等教育投资主体多元化体制，主要经费来源包括政府、受教育者及其家庭、社会力量、民营资本、社会捐赠等多渠道④。

（二）公共产品多元化供给下的政府职能

公共产品多元化供给改革对公共产品管理过程中政府职能提出了新的要求。随着我国公共产品多元化供给改革的不断深入，有关专家学者开展了大量研究。李德民（2010）指出，政府是推动公共产品多元化供给改革的主导力量，需要有一个高效率、反应迅速、有能力的“好”政府，其职能的重点是加强制度建设和维护市场秩序，以便能够为多元化改革创造良好外部环境，应对改革中的风险和危机。

---

① 杨其滨，修明慧．加快我国公用事业产权多元化、市场化进程的理论与政策策略［J］．经济研究导刊，2008（14）．

② 黄华，杨平．公共产品多元化提供与行政体制改革［J］．理论与改革，2006（2）．

③ 冯俏彬．政府失灵与公共产品的多元化提供［J］．地方财政研究，2013（2）．

④ 陈旭．中国高等教育多元化投资体制研究［D］．湘潭大学，2007.

为推进公共产品供给多元化改革，政府应当进一步加强公共产品供给决策机制的创新及其规制①。一是要将自下而上的公共需求表达机制和政府自上而下的集中决策机制相结合，充分反映民众需求，有效提供民众需要的公共产品。二是注重通过法律手段（既包括公法，也包括私法，公法以维护公共利益即“公益”为主要目的，私法则保护个人或私人利益），保障不同利益组织参与决策的权利，立法中坚持双重利益平衡原则和充分竞争原则。

三、外汇储备多元化

2006年2月，我国外汇储备总额首次超过日本，成为全球外汇储备第一大国，而仅在数月后的2006年8月我国外汇储备即突破万亿元大关。在随后的几年，我国外汇储备增长势不可当，截至2013年末，国家外汇储备余额为3.82万亿美元，比上年净增5000多亿美元，年增量创下历史最高纪录。保持一定规模的外汇储备固然必要，但我国现有外汇储备规模过大，储备结构单一，外汇储备投资收益率普遍偏低，因此引发国内对外汇储备安全性的担忧，外汇储备多元化的呼声日渐高涨，很多学者和相关工作者从不同视角对外汇储备多元化问题进行了探索。从已有的研究资料看，外汇储备多元化主要包括以下几个方面：

（一）外汇储备品种结构多元化

外汇储备币种多元化主要是为解决储备充足性与储备货币币值稳定性之间的矛盾，很多研究者在外汇储备币种多元化方面进行了研究。国务院发展研究中心金融研究所所长夏斌指出，中国目前亟待评估自己作为美债主要投资者所面临的风险，并加快外汇储备多元化步伐。从短期看，中国可通过调整外汇储备资产结构降低风险；从中长期看，关键是将外汇储备规模维持在一个合理水平。

Tobin和Markowitz（1952）提出的资产选择理论，从风险和收益的角度出发来定义储备货币的结构，可以更好解释储备币种多元化的发展趋势。20世纪70

① 黄明欣．公共产品供给机制创新及其法律规制［J］．华中农业大学学报（社会科学版），2008（3）．

年代以前，在布雷顿森林体系下，世界外汇储备主要构成是美元，各国货币同美元保持固定汇率，美元则与黄金挂钩。布雷顿森林体系崩溃后，外汇储备构成开始脱离美元本位，转向包括美元、黄金、德国马克、英镑、法国法郎在内的多元化储备货币体系。

除了对外汇储备币种进行优化外，还有学者从资产配置的角度对储备结构多元化进行了探索。张海亮（2009）指出，在外汇储备资产中加入商品资产可获得资产分散化收益，获得超越美元贬值、FDI 利润回报等机会成本，也可提高国内重要商品资源价格抗风险能力和供应安全保障水平。

另外，黄金是目前世界各国所青睐的主要国际储备，是国际上继美元、欧元、英镑、日元之后的第五大硬通货，尤其在金融危机中黄金的货币属性更为凸显。在美元逐渐贬值的背景下，全球各大央行买入黄金已成为趋势，2010 年首次出现央行对黄金的净买入现象，这一现象引起了行业内专家学者的关注。韩复龄（2011）提出，中国应当充分利用黄金的双重属性，动态地、持续地、有步骤低调地增加黄金储备在外汇结构中的比例，优化国际储备结构，增加金融体系抗风险能力。

（二）外汇储备资产投资多元化

营利性是国家外汇储备管理的重要原则，国家外汇储备管理的核心是保值。多元化一直以来是外汇储备的主要经营原则之一。牛娟娟（2011）提出，要坚持多元化投资策略，稳步拓展投资领域，继续加大对投资领域、产品和工具的研究，在审慎评估的基础上稳步推进多元化投资，实现外汇储备安全、流动和保值增值的目标。

目前，我国外汇储备以美元为主，主要投资形式为政府债券，根据 2014 年 1 月 16 日美国财政部公布的数据，截至 2013 年 11 月，中国持有美债 1. 3167 万亿元，是美国最大的债权国。然而，考虑发达经济体退出量化宽松对全球金融市场的冲击，我国持有的大量美国国债潜在风险不容忽视。除获取基本的利息收入外，应当努力开拓适当途径保值增值。

（三）外汇存放地点的多元化

由于外汇储备多以债券形式持有，主要存放在欧美等发达国家，一旦某些国家介入战争，外汇储备的安全性就难以保证。因此有学者认为，在国际政治经济形势复杂多变的背景下，要从战略上考虑外汇储备资产存放的地点问题。例如，郎维维（2008）提出，外汇储备资产应适当分散，部分投资于欧洲货币市场所在国，部分投资于自由港和税收天堂，部分存放于阿拉伯国家的金融中心。存放地点或投资区域的多元化一直也是我国外汇管理的重要原则之一。中国外管局有关负责人曾在公开媒体强调指出，“中国外汇储备作为负责任的长期投资者，始终坚持分散化投资原则”①。

（四）外汇储备持有主体的多元化

《国际收支手册（第五版）》将一国的外汇资产分为由中央银行持有的“官方外汇储备”、由其他政府机构持有的“其他官方外汇资产”和由企业和个人持有的“非官方外汇资产”②。根据这一分类，有学者提出外汇资产持有者的多元化，即我国应在持有官方外汇储备和其他官方外汇储备持有者（如中国投资有限责任公司）的同时，顺应“藏汇于民”的思路，鼓励企业和居民持有外汇，扩大“非官方外汇资产”。

（五）外汇储备交易工具的多元化

交易工具是外汇储备投资多元的重要组成部分。我国外汇市场的交易工具主要包括经常项目外汇用途以及银行间外汇头寸的调拨，而以投资为目的的外汇交易工具还很少。因此，国内很多学者都在呼吁加快建立健全外汇交易工具，例如外汇期货交易、外汇期权交易以及外汇基金买卖等。

四、其他储备多元化

石油、粮食、交通战备物资等方面的研究也有一部分涉及多元化问题，主要集中在以下几个方面：

（一）储备体系多元化

储备体系多元化研究的核心在于储备主体的选择问题，即储备主体是政府、企业或其他组织或机构。

欧阳觅剑（2007）指出，石油储备体系由战略石油储备和商业石油储备组

---

① 孟凡霞．外管局重申外汇储备多元化方向：欧洲市场仍是中国主要投资市场［N］．北京商报，2010-05-28.

② 郎维维．中国外汇储备多元化管理探析［J］．东南亚纵横，2008（2）．

成；战略石油储备又可采取政府石油储备和企业义务储备两种模式实现，至于采取哪种模式应从财税制度和市场形势的角度去具体分析；商业石油储备是企业出于商业目的而储存的石油，但同时也有助于保障国家的能源安全，鉴于目前我国商业石油储备严重不足，应当放开政策、减少障碍，允许外资对这个领域进行投资。

藏储于民，将企业纳入国家储备主体的范畴是目前研究、报道的主流观点。人民政协报文章《实行“藏油于民”打造多元化石油储备体系》（2009）指出，民企参与国家石油储备，既有利于减少国家财政支出，降低国家石油储备成本，又可以让民企发挥其经营灵活、信息灵通、目标小的优势，形成多元化、多成分的海外兵团，使收购油源的行为更灵活。又如粮食储备体系多元化问题，李孟刚（2010）指出我国粮食储备主体不适应“多元发展、协同保障”的需要，可以整合利用国内粮食加工企业的强大仓储能力，减轻政府在粮食储备资金投入方面的压力。

（二）储备形式多元化

储备形式可分为有形储备和无形储备，有形储备也可称之为实物储备，无形储备主要是指技术、能力储备。因此，储备形式多元化的实质就是要实现有形储备和无形储备的协调发展。

王亚明（2013）指出，我国要逐步转变重实物储备、轻技术储备的观念，“硬储备”和“软储备”两手抓，逐步实现国防交通物资实物储备与技术储备相结合。

沈昌礼等（2010）提出，国防交通物资资源储备方式包括实物储备，市场储备，生产能力储备，人才、技术储备，信息化储备。平时应以储备生产周期长，工艺复杂，战时不易生产筹措的专用物资为主，对于其他物资尽量减少储实物，多采用软储备形式，将少储实物所节省的经费用于生产能力和人才技术等方面的储备。

（三）储备管理多元化

我国储备部门众多，条块分割明显，管理较为分散，即使是同一大类储备也可能分散于不同行业进行管理，如交通物资储备。鉴于此，有学者对储备管理保障模式进行探讨。沈昌礼等（2010）指出，国防交通物资储备应扩大储备的内涵，增加储备的品类和数量，由单一的行业保障向基地化综合保障转化，使组织结构、指挥方式、保障功能更加集成化。王亚明等（2013）也指出，要打破铁、水、公、空行业界限，加强中心储备库建设，形成以综合储备为基地、以行业储备为终端的一体化物资储备格局，发挥系统储备的集群优势，提高整体保障效能。

（四）储备的筹资模式多元化

政府设立储备需要承担大规模的资金投入，包括征地、基础设施建设、采购物资，投入负担大，投资回收期长。为此，部分专家学者对储备的筹资模式进行了研究。高健等（2010）提出，通过参考国际商业储备建设筹资模式方法，根据我国现阶段的国情，依据谁收益、谁投资的根本法则，组建由国家、企业、民资、银行四方共同出资的国家石油商业储备公司进行公司化运营管理，国家石油商业储备实现由国家低息贷款、企业融资、贷款担保、会员均摊等多元化的筹资模式。

也有研究者从单一筹资渠道效果的角度进行了研究，如张红玉（2009）提出，政府可通过合理运用粮食储备补贴鼓励和保护民间粮食储备，使其成为政府粮食储备的有力补充。李艳红（2004）总结了我国土地储备制度中的金融支持现状，分析了土地储备贷款的风险，进而提出要通过制定和完善土地储备贷款管理办法、加强土地经营收益监控、引入多种担保保险机制、建立风险预警机制等措施加强土地储备贷款的风险管理，同时通过扩大城市土地储备基金、发行土地债券、利用投资基金支持土地储备机构等方式拓宽土地储备机构的融资渠道，进而形成多层次、多形式的土地融资体系。

（五）储备与其他替代政策的协同

国家储备在国防动员、宏观调控、应急救灾等方面发挥着积极作用，但我们应当客观看待储备的政策效果，不能片面夸大或缩小储备的这种作用，运用储备政策时还应统筹兼顾，综合考虑储备和其他有效替代政策。《美国经济储备政策方案评价报告》中提出经济储备三类替代方案（共涉及 14 项措施），分别是增加供应、保持稳定供给水平和限制需求。刘钢（2003）总结了德国在建立油料储备的同时，还运用外交努力、开源节流、燃料替代、发展可再生能源等政策措施，进而更有效地保障本国能源安全。

第三节 研究思路和主要内容

一、研究思路

研究储备多元化问题，没有现成的经验可以借鉴，必须立足储备发展的现实需求，找准储备发展过程中存在的关键问题，在此基础上提出储备多元化问题研究的分析框架，进而系统提出储备多元化发展建议。

基于上述认识，本书认为应当先厘清储备的基本概念、属性特点、功能作用以及储备工作的主要活动，同时要对国内外储备发展情况有一个全面、客观的了解，并通过对比分析找出我国储备发展的问题和不足，从而有的放矢，从不同维度进行分析研究。

对于任何一项工作，都可以从三个层面进行分析：一是行为主体，即谁来开展这项工作；二是行为客体，即行为所指向的人或物；三是联系行为主体和行为客体的运作管理机制，也可称之为行为手段。本书以此为分析框架，分别从储备主体多元化、储备客体多元化和储备运作管理多元化三个层面对储备多元化问题进行深入研究。如图 1－1 所示。

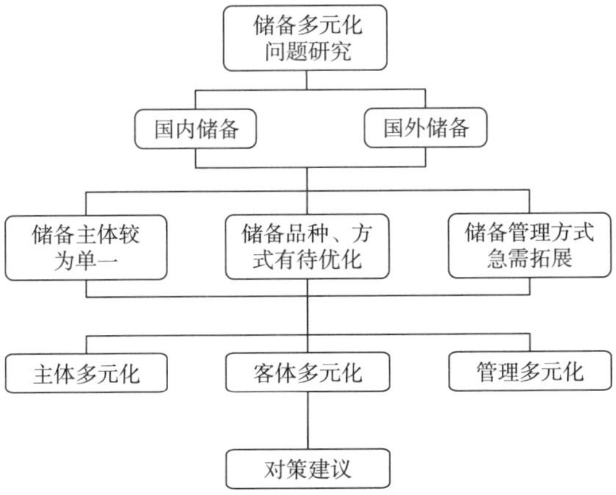

图 1－1 储备多元化问题研究

1. 储备主体多元化

储备，特别是国家储备，具有公共产品属性，是政府履行国家职能的重要手段，美国、日本、俄罗斯等众多国家都建立了储备。既然是公共产品，其主要提供者是政府。但随着现代公共管理理论的不断发展，已经将公共产品分配者和生产者的角色相区别，分别由不同的主体承担。

随着中国特色社会主义市场经济体制的确立和逐步完善，储备不可能再孤立于市场之外。因此，众多市场主体或其他社会组织逐渐参与到储备体系建设之中，使得储备能够在更大范围内实现资源的优化配置，更好地履行储备职责。由此可见，储备主体多元化就是通过不同类型社会主体按照不同分工共同参与储备体系建设，进而促进储备事业发展。结合储备发展实际，本书进一步将储备主体分为储备投资主体和储备管理主体进行分别论述。

2. 储备客体多元化

客体多元化是指储备对象可以有不同的功能用途、不同的形式、不同的品种。近年来，随着国际政治军事格局的深刻变化，我国在粮食、石油、金融等非传统安全方面开始面临越来越多的挑战，国内经济社会运行面临的风险比以往任何时候都难以预测与控制。与此同时，由于我国在参与国际规则制定、国际市场话语权、跨国企业影响力等方面实力还相对较弱，客观上要求我们进一步加强和完善储备体系，增强储备综合实力，维护国家安全。在储备面临的外部环境日益复杂多样的今天，储备维护不同领域国家安全的任务更加纷繁复杂，对储备客体而言，应当不断优化其品种和形式，同时细化储备功能，精准施策，提高储备发挥作用的针对性和有效性。

3. 储备运作管理多元化

管理是衔接储备主体与客体的纽带。储备多元化绝不仅指储备主体与客体的多元化，更体现在管理方式、手段和方法的多元化上。管理方式、手段和方法在很大程度上受到储备主体、储备客体影响，不同储备主体和储备客体的组合决定了不同储备运作管理方式，其管理方式、手段和方法必须适应储备主体和储备客体之间的多层次管理需求。

我国目前储备仍以行政管理方式为主，由政府采取行政命令、指标、指示、规定等行政手段管理储备，管理方式、手段和方法都较为单一，而从我国经济体制改革进程看，随着社会主义市场经济体制的逐步健全，让市场更多参与储备体系建设已经成为大势所趋。与计划经济体制时期储备管理不计较成本、不注重效率，只求做到“手中有粮，心中不慌”相比，市场经济环境下的储备管理开始把储备作为一种投资行为来看待，在确保储备能发挥应有的作用之余，更多地关注储备回报以及效率。在这种情况下，单纯的行政手段已经无法有效发挥储备效益，必须更多地引入市场手段，运用企业化的管理理念与方法，二者相互配合，从而提高储备效率和效益。

二、研究内容

按照上述思路，本书先对储备的内涵进行了阐述，之后对国内外储备发展现状进行了系统回顾与总结，厘清问题，再分别从储备主体多元化、储备客体多元化和储备运作管理多元化三个维度进行分析，最后提出储备发展的有关政策建议。本书章节框架设置和主要内容具体如下：

第一章导论，主要介绍本书的研究背景、相关领域研究现状以及总体研究思路。

第二章储备概述，主要对储备的基本概念、功能作用、主要活动等进行论述，为后面的研究奠定基础。

第三章国外储备发展概述，重点介绍美国、日本、俄罗斯和国际能源署等国家和机构开展储备的相关情况，为本书的后续研究提供参考借鉴。

第四章我国储备发展现状，详细梳理了我国储备发展的历史脉络，重点对国家物资储备、中央储备粮、国家煤炭应急储备等主要储备部门进行介绍，进而总结归纳我国储备发展中存在的主要问题及未来发展趋势。

第五章储备主体多元化，将储备主体具体分为储备投资主体和管理主体分别进行论述，重点剖析了两类主体的构成和主要特点。

第六章储备客体多元化，分别从储备形式多元化和储备功能多元化两个维度进行分析，并针对金融资产储备和实物资产储备优化配置问题进行了实证分析。

第七章储备运作管理多元化，重点选择储备收储和储备处置两项管理活动，分别对储备物资来源、采购方式、处置渠道、轮换模式等几个方面进行论述。

第八章储备发展展望，实质是在当前储备改革发展相关政策要求下，对储备主体多元化、储备客体多元化、储备运作管理多元化三方面内容的综合运用，进而提出优化顶层设计和运行机制、提升储备运作管理水平、强化储备理论和法治保障等相关政策建议。

第二章　储备概述

第一节　储备的有关概念

一、储备

（一）储备的概念

目前，关于储备的概念尚无统一的定义，为了更好地开展研究，必须先界定储备的内涵和外延，因此本书对储备的定义做了一些资料收集和整理工作。

储备的概念产生已久，随着社会的发展以及储备功能的不断演化，学术界对储备的认识和理解逐渐深化。从现有的文献看，目前储备的定义大致有以下几种观点：

（1）储备有动词和名词之分。《现代汉语词典》中关于“储备”的解释有两种：一是动词，（物资）储存起来准备必要时应用。二是名词，储存备用的东西。《牛津高阶英汉词典》中关于与储备相关的词有两个，一个是“Reserve”，另一个是“Spockpile”，两者作为“储备”翻译时均有名词和动词两种解释。Reserve 作为动词时的解释是“Put aside or keep sth for a later occasion or special use”（译文：随时待用或将某物用于之后的其他用途）。作为名词时的解释是“Thing put aside or kept for later use；extra amount available when needed”（译文：

随时待用或将某物用于之后的其他用途的物品；需要时可用的额外物品）。“Stockpile”的名词解释是“Large supply of goods，materials，etc collected and kept for future use（Esp because they may become difficult to obtain，eg in a war）（译文：留存以备将来使用的重要商品和原材料，这些物资可能在战争等情况下难以获取）。

（2）储备是专指储存的各类有形物资或实物资产的总称。《辞海》将储备定义为：“国家、企业、集体经济组织中作为后备用的原材料、燃料、设备和粮食等物资储存的总称。”2011 年出版的《中国人民解放军军语》认为，物资储备是军队为保障持续不间断物资供应，按规定预先进行的储存物资的活动。这些定义主要从国民经济、企业活动、军队的角度出发，认为储备的对象也多是有形实物资料，强调储备是一种经济或军事行为①。

（3）储备是所有储存起来的实物资产、无形资产及金融资产等的总称。范力（2002）、郑俊峰（2009）认为，“储备就是国家、企业或其他经济组织以及个人将实物资产、金融资产以及无形资产储存起来以备将来使用。储备的对象可以是实物资产，也可以是金融资产；可以是有形资产，也可以是无形资产；可以是固定资产，也可以是流动资产”②③。于梦曦（2015）认为，国家储备是国家直接掌握动用的，同国计民生有着重大关系的生活资料、生产资料的物资储备，如粮食、燃料、钢铁、技术、金融资产等。这些定义将储备的主体、对象和行为结合起来，使得储备的概念内涵更加丰富。

通过对储备的各种定义进行分类和梳理，综合各种定义及研究成果，本书认为范力、郑俊峰等对储备所下的定义较为全面准确。即储备是一种有目的的储存实物资产、金融资产或无形资产的行为，也是对这种有目的的行为和其对象总体的称谓。但这一定义忽略了储备与一般库存的区别，对“有目的”的界定太过笼统。

本书认为，这个目的应当是“为应对某种物资未来预期的短缺或与该物资相关的其他风险”，即储备是为应对某种物资未来预期的短缺或与该物资相关的其

① 全军军事术语管理委员会，军事科学院．中国人民解放军军语［M］．北京：军事科学出版社，2011.

② 范力．国家实物储备调控机制分析［D］．中国社会科学院，2002.

③ 郑俊峰．开放经济下国家物资储备调控机制研究［D］．厦门大学，2009.

他风险而进行的储存实物资产、金融资产或无形资产的行为，也是对这种行为和其对象总体的称谓。

（二）储备的基本分类

储备根据不同的分类标准可以分为不同类别，具体分类如下：

（1）按储备对象的物理形态可将储备分为有形储备和无形储备。有形储备，也称实物储备，是储备主体掌握或控制的具有实物形态的储备，如粮食储备、武器装备储备、稀贵金属储备等，这类储备需要有固定的地点进行存放。

无形储备是指由储备主体拥有或控制的不具实物形态的储备，如生产能力储备、技术储备等。关于有形储备和无形储备将在本书第六章进行详细论述。

（2）按储备主体划分，储备可分为国家储备和民间储备。国家储备有广义和狭义之分，广义的国家储备是指一国所保有的各类储备的总称，狭义的储备仅指国家出资建立和掌握的储备，此处所指的国家储备为狭义的国家储备。按照我国军地二元分离的管理体制，我国的国家储备又可以分为政府储备和军队储备。其中，政府储备又可按照管理权限和资金来源不同分为中央储备和地方储备。军队储备又可以按照用途划分为战略储备、战役储备和战术储备。

民间储备是指政府、军队及国家举办的其他各类机构之外的主体建立的储备，可以是企业和机构，也可以是个人和家庭。相对于国家储备，民间储备更贴近生产者或消费者，便于储备的周转轮换，同时也能减轻国家大规模举办储备的资金压力。因此，民间储备是国家储备的有益补充。

（3）按储备的适用范围划分，储备可分为通用物资储备和专用物资储备。通用物资储备，是指在国民经济和社会发展中具有广泛用途的物资储备，一般是重要的生产、生活资料，如成品油、铜、铝、橡胶、稀土金属等。

专用物资储备，是指仅应用于特定领域的物资储备，如核极锆。

（4）根据储备的期限可将储备分为当年储备和长期储备①。当年储备，是指已列入年度物资平衡分配计划尚未确定分配对象、留作后备的一部分重要物资的储备，其作用是解决年度计划未曾安排而必须满足的临时性、紧迫性的需要，主要用于调整年度计划需要增加供应的物资，重点产品增产和重点建设项目需要增

① 何盛明．财经大词典·上卷［M］．北京：中国财政经济出版社，1990.

拨的物资，发生自然灾害救灾需要的物资，进口物资不能如期到货改由国内供应的物资等。

长期储备，是指依据经济发展战略和国防发展战略的需要建立的非周转性物资储备，主要是为应对国民经济发展过程中可能出现的严重比例失调、重大自然灾害和战争的需要。当年储备和长期储备通常是计划经济体制下的提法。

二、国家储备

（一）国家储备的内涵

前文对储备的定义进行了详细论述，下面本书将重点对“国家储备”进行论述。所谓国家储备就是以国家为主体进行的储备。关于国家储备的具体定义，不同的工具书的说法不尽相同，本书在此列举部分具有代表性的定义：

1.《证券投资大词典》

国家储备是由国家直接掌握和运用的社会后备基金。国家储备中最重要的是物资储备，它包括粮食、布匹、钢铁、燃料、军用物资等。此外还包括黄金、外币。国家储备主要用来弥补国民经济中可能产生局部的暂时的比例失调，应付重大的自然灾害和战争等偶然事件，保证社会再生产的正常进行和满足人民生活需要。储备的物资需要新陈代谢，以保存使用价值。

2.《马克思主义原理词典》

国家储备是国家直接掌握的储备。其中最主要的是同国计民生有重大关系的物资储备，如粮食、布匹、钢铁、燃料等储备。此外，还有黄金、外汇等储备。建立国家储备，是一项重大的战略措施，它可以用来解决国民经济发展中的特殊需要，应付重大自然灾害和战争等突发事件，保证社会主义再生产的正常进行。

3.《新时期新名词大词典》

国家储备是国家储存并直接支配的一定数量的物资与货币。国家储备的目的是为应付自然灾害、战争和严重的经济动荡等意外变故的特殊需要、调节供求关系控制市场价格和偿还外债等。

4.《简明经济学辞典》

国家储备是由社会主义国家直接掌握和运用的、同国计民生有重大关系的物资储备和后备基金，如粮食、布匹、钢铁、燃料等以及黄金和外币，是国家集中掌握的长期性的储备。主要用于平衡国民经济中可能产生的局部的、暂时的比例失调，弥补严重的自然灾害和战争等突发事件造成的损失，保证社会主义再生产的正常进行和满足人民的生活需要。

上述国家储备定义的本质内容基本相同，本书在此不再对国家储备的定义进行重新概括，为了便于理解掌握，本书重点强调以下两点：

一是国家储备是国家实施的一项长期性的战略举措。人类社会从来没有摆脱过各类风险的威胁，包括战争、饥荒、社会动荡等，国家必须对这些风险做出应对准备。国家储备作为一种保障国民经济和社会平稳运行的重要手段，在人类社会发展的历史长河中从未间断，并成为各国普遍采用的一种长期的战略。中华人民共和国成立之初即建立了国家储备制度，针对战争、饥荒、国民经济重大比例失调，有计划、有选择地针对关键和重要物资进行的物质准备，并在不同时期发挥了积极作用。

二是国家直接掌握。国家储备由国家全部或部分出资建立，国家对储备具有绝对控制权。《国家物资储备管理规定》中指出，国家储备物资的“所有权属于国家，任何组织和个人不得以任何方式侵占、破坏和挪用”。《中央储备粮管理条例》则规定，“未经国务院批准，任何单位和个人不得擅自动用中央储备粮”。

（二）国家储备的属性

1. 战略属性

战略性是指国家储备对本国国民经济和社会发展具有全局性、关键性的影响，是应对战争及重大突发事件必不可少的重要手段。战略性是国家储备的基本特征，也是选择储备物资的重要指标，即储备物资必定事关国家安全，对国民经济和社会发展具有重要作用，通常是某一行业或领域不可或缺的关键物资，如石油、粮食、重要有色金属等，这些物资一旦发生供应中断将会严重影响和扰乱正常的生产生活秩序，威胁国家安全。同时，国家储备的战略性也决定了国家储备的长期性和艰巨性。国家所面临的风险和危机常常是不可预测并且影响巨大的，带有很大偶然性，而这种偶然性在较长的时间段内（如十年）又是一种必然，但没有哪一个组织或个人愿意在不盈利的前提下为应对这种风险或危机做出准备，并且这种巨大的投资也并非一个组织或个人能够负担的，在这种情况下开展国家储备成为一种必然。

2. 公共产品属性

国家储备具有公共产品的基本特征，即非排他性和非竞争性。根据公共产品理论，非排他性是指在受益上一个人在享有这种公共物品时，不能排除其他人也能同时享有，每个人都有权使用，无论付费与否都能享受其好处。非竞争性是指消费上增加一个人的量不会引起生产成本的增加，即多一个消费者引起的社会边际成本为零，按照帕累托要求的边际成本定价原则，这样的产品不可能由私人提供，私人也无力提供，只能由政府通过税收来补偿这类公共产品的成本。国家建立储备应对战争、重大自然灾害等带来的风险。风险发生时，国家利用储备进行调节，每一个国民都能够享受到因此带来的益处，但不会因为多增加一个社会成员而使储备成本增加，也即国家储备具有公共产品属性。

3. 保险属性

国家储备是社会积累中以国家名义积累的部分。它不是再生产的积累基金，也不是消费基金，而是带有保险基金性质的社会储备①。国家储备不是经济过程中所形成的狭义储备，而是从社会总产品中主观扣除下来的财富积累，是为了应对社会经济运行及由于非经济原因造成的重大事故，事先储备以应不时之需。马克思曾说："在再生产过程中，从物质方面来看，总是处在各种会使它遭到各种损失的意外和危险中。"正是如此，"剩余产品的一部分，必须充当保险基金。这种基金是收入中既不作为收入来消费，也不一定用作积累基金的唯一部分。它是否事实上用作积累基金，或者只是用来补偿再生产上的短缺，取决于偶然的情况"。也就是说，在国家遭遇偶然的情况（如战争爆发、自然灾害、公共突发事件、国民经济严重失调等）的条件下，国家储备能够及时、快速地提供大量援助物资，防止供应中断，保证社会再生产的持续进行，维护正常的社会生产生活秩序，这也是国家储备保险属性的集中体现②。

4. 财政属性

国家储备是国家财政资金的实物形态。"财政后备"是财政学中的重要概念，包括国家物资储备支出、预算预备费、预算周转金和预算结余在内的国家后

---

① 林文益．论市场经济条件下的国家物资储备［J］．北京商学院学报，1997（6）．

② 张永林，赵英，石玉昆．国家储备物资的属性功能及其作用价值［J］．中国人口·资源与环境，2010（1）．

备的总称。除了上述国家物资储备是财政后备的重要组成部分外，通常把预算预备费、预算周转金和预算结余称为其他财政后备。但国家物资储备支出与其他财政后备在功能和存在形态上有所区别；国家物资储备支出的资金必须用于购买国家规定的特定物资，用于应对国民经济面临的重大不测事故其他财政后备，主要是货币形态的后备，主要用于解决年度内的预算资金分配中的不足或调剂[①②]。

（三）国家储备的基本分类

1. 战略储备

战略一词来源于军事用语，传统意义的战略储备是指为满足战争或战时急需而进行的物资积累和储存。随着对战略一词理解的深入，战略被广泛运用于各个领域，如企业战略、经济发展战略、人才战略等。因此，现代意义的战略物资储备在保留传统内容基础上增加了新的内涵，囊括我国经济社会发展过程中具有重要战略用途的储备。

学术研究方面对战略储备的内涵做出了大量研究。一般专家学者对战略物资储备概念的界定主要是从战略物资储备的建设主体和功能作用两个方面展开。例如，徐永东（2007）认为，国家战略物资储备是为了更好地调控社会经济发展，应对可能出现的战争、严重自然灾害、经济失调或由于国际市场的大波动对国内经济引起冲击等紧急情况和其他意外不测事件，国家有目的、有计划积累的直接掌握的物资后备力量[③]。也有从战略物资储备本身的属性抽象界定战略物资（或资源）储备。例如，安亮（2004）认为，战略物资储备就是国家或地区在平时有计划地对关系国计民生的重点物质资料的储存或积累[④]。还有学者从战略物资储备在平战转换过程中的关系方面进行阐述。例如，张汝涛等（2010）认为，战略物资储备，是国家在平时有计划建立的对国计民生和国防具有重要影响的物资资料的储存或积蓄，目的是为了应对战争或其他意外情况，保障国民经济正常运转和国防的需求，是平时国防动员建设的重要内容[⑤]。

---

① 阮洸华．现代财政金融理论指南［M］．北京：中国商业出版社，1991.

② 王国清，马晓，程谦主．财政学［M］．北京：高等教育出版社，2006.

③ 徐永东．我国国家战略物资储备创新模式研究［D］．天津大学，2007.

④ 安亮．直击台湾战略物资储备［N］．战士报，2004－02－24（003）．

⑤ 张汝涛等．中华人民共和国国防动员法释义［M］．北京：中国法制出版社，2010.

另外有关工具书和法律释义对战略物资储备也做出了解释。例如，《中国人民解放军军语》将战略物资储备定义为“国家和军队为保障国防战备和战争需要进行的各种物资储存，是保证国民经济部分或全部由平时向战时转换并争取时间进行战争动员的必要手段”。此外，美国在其《战略和紧急物资储备法》等法律法规中对战略和紧急物资储备的目的、构成等做出了明确规定。

美国战略物资储备的构成

美国是近代最早建立战略物资储备的国家之一，并通过相关法律对战略物资储备做出了相关规定。

一、战略和紧急物资储备法

美国法典第50卷第五章第三分章第98节对战略和关键物资储备相关事项做出了规定。

该法的立法目的是：(a) 国会认为，美国在某些战略和关键物资中的自然资源缺乏或不足以供应美国的国防军事、工业和基本民用需要；(b) 本章的目的是为了获取和保留某些战略和紧急物资的库存，并鼓励在国内保护和开发此类物资的来源，从而减少来自国外的危险和依赖，或在国家紧急情况下无法提供这种材料；(c) 国防库存的目的只是为了维护国防的利益，不得用于经济或预算目的。从以上三个立法目的不难推论，美国战略和紧急物资具备三方面特点。一是国内供应无法满足美国国防军事、工业和基本民用需要；二是对外依存度较高，紧急情况下无法有效获取；三是仅用于国防，而非经济或其他目的。

根据上述立法目的，该法明确规定了10种情形下的物资可作为战略和紧急物资储备：

(1) 根据该法案取得的物资以及在1979年7月29日被列入国防储备的物资；

(2) 在1979年7月29日以后，根据该法案取得的物资；

(3) 1979年7月29日，根据《维持和平食品法》(该法从1959年9月21日生效，一直沿用到1966年12月31日) 第104 (b) 节内容补充的物资种类；

（4）根据1950年《国防生产法案》（美国法典第50卷中的附录2093款）第303节的有关条款被收录，并被美国总统按照（f）分节的规定纳入储备的物资；

（5）按照1961年《外国援助法》（美国法典第22卷，2423款）第663节的规定，被运送到美国，并且根据本法案被列为战略和紧急物资，由美国总统根据（b）分节的指定分配到战略储备的物资；

（6）由商品信贷公司获取并根据《商品信贷公司章程》（美国法典第15卷，714b（h）款）第4（h）节内容被转为战略储备的物资；

（7）商品信贷公司根据1954年8月28日通过的名为《以保持农业稳定，提高市场率和农产品处理率为目的的法案》（美国法典第7卷，第1743a款）第103（a）节第二段的规定获得的，并根据该节第三条转为战略储备的物资；

（8）美国总统根据1954年8月28日法案第103（a）节第4段内容的规定，转为战略储备的物资；

（9）根据（b）分节的规定而纳入储备的物资；

（10）根据（c）分节的规定而纳入储备的物资。

二、国防生产法

该法由美国国会于1950年批准颁布，收录在美国法典第50卷中的附录2093款，其中第303节第（f）分节规定，超出本条规定获得的多余金属、矿物和材料，由总统决定是否应转变为战略和紧急物资储备法（50USC 98及以下）规定的储备。

三、外国援助法

按照1961年发布的《外国援助法》（美国法典第22卷，2423款）第663节（a）分节规定，“必要或战略性原料”包括石油、其他矿物燃料、金属、矿物质，或其他总统决定在美国供不应求的自然资源。

以上是美国如何确认一种物资为战略物资储备的主要法律规定。此外，在《商品信贷公司章程》《以保持农业稳定，提高市场率和农产品处理率为目的的法案》等法律中也对某类商品或物资转为战略物资储备做出了相关规定。

结合战略物资储备的相关术语及现有研究成果，本书认为战略物资储备，是指为避免一定时期特定条件下因物资短缺或供应中断对国家安全①造成重大威胁或挑战而由国家对该种物资进行有计划的蓄积或采取有关控制行为的总称。

以上定义应从以下几方面理解：

一是重要性。战略物资储备中的“战略”二字体现了该类储备本身的重要性，即该类物资对政治、经济、国防、社会等方面的重要领域或环节具有重大或决定性影响，一旦发生短缺或供应中断，将对国家安全造成严重威胁或使国家利益遭受巨大损失。

由于战略物资储备关系经济发展、社会稳定，事关国家安全全局，因此战略储备的建立和动用均需十分慎重。暂时的供应中断或市场异常波动可以通过市场手段（如调节供给或需求、调整进出口政策、替代或研发新材料等）或其他储备（调节储备、应急储备）来解决，除非它可能引起连锁反应造成深远影响，否则不轻易动用战略物资储备。

二是目的性和竞争性。战略物资储备是根据一国面临的威胁或挑战以及竞争对手（敌对国）采取的策略确定的，储备目的或应对的风险具有多样性。上述威胁或挑战以及竞争对手的策略均为相对概念，不同时期、不同阶段会随着外界条件的发展变化而变化，具体表现为在一定时期内特定情况下获取某种物资的难易程度。

三是公益性（或非营利性）。战略物资储备发挥的作用具有非竞争性和非排他性，因而是一种公共产品。从其生产方式看，可以采用公共生产，也可以采取私人生产，与之对应的是政府储备和企业储备。从其提供方式看，由于战略物资储备应对风险的概率较小，沉没成本较高，很难由市场提供，宜由公共提供，即政府是提供战略物资储备的主要主体②。

2. 调节储备

调节储备是指为了调控市场供需关系，保持重要商品市场稳定运行进行的商

① 2014年4月15日，习近平主席主持召开中央国家安全委员会第一次会议并发表重要讲话，正式提出总体国家安全观，包括政治安全、国土安全、军事安全、经济安全、文化安全、社会安全、科技安全、信息安全、生态安全、资源安全、核安全11种安全。

② 理论上，公共产品的生产方式与提供方式存在如下六种组合，即公共产品、公共提供；公共生产、混合提供；公共生产、市场提供；私人生产、公共提供；私人生产、混合提供；私人生产、市场提供。

品储备。调节储备是政府进行市场调节的一种手段。根据市场经济理论，市场不是万能的，也会因为垄断、信息不对称等出现市场失灵。当出现市场失灵时，政府可以运用储备打击垄断、调节供需，以保证市场稳定，从而对市场失灵进行弥补和纠正。例如，当特定商品在市场上出现严重供过于求时，可以通过收储提供暂时市场，增加需求。当供不应求时，进行投放增加供给，避免市场出现大幅波动。

在社会主义市场经济体制下，政府应当正确处理储备与市场的关系，充分发挥市场在资源配置中的决定作用。运用调节储备的过程中也应当尽可能采取市场化的手段，以提高储备调节的效率，二者之间相互协调，相互统一，共同发挥作用。按照这一原则，在市场机制能够充分发挥资源配置功能的情况下，调节储备不宜进行市场干预，只是为市场主体提供信心支撑。一旦市场价格发生剧烈波动，单纯凭借市场机制不能对资源有效配置，则需要调节储备适时做出适度的干预，从而恢复供求关系的总量均衡，使价格恢复合理区间。

调节储备对市场的干预是有成本的，因为政府干预本身也是一种经济行为，只有当其收益高于成本时，且储备政策的成本小于替代方案（如贸易政策）的成本时，行为才是合理的。因此，有关部门应当合理确定调节储备的品种、规模以及实施的限定条件，避免盲目扩大储备规模。表 2－1 为美国战略石油储备动用情况。

表 2－1　美国战略石油储备动用情况①

序号	时间	数量（万桶）	动因
1	1990 年 10 月至 1991 年 4 月	2114.10	满足美军在海湾战争期间的石油消耗
2	1995 年 10 月至 1998 年 11 月	2823.70	缓解美国政府财政预算赤字
3	2000 年 9 月至 2001 年 3 月	3000.00	缓解美国东北部冬季取暖用油紧张
4	2005 年 9 月至 2006 年 1 月	1620.00	应对由于飓风卡特里娜袭击导致的油田大规模停产
5	2008 年 8 月至 2008 年 12 月	539.10	应对全球金融危机所导致的国际油价震荡
6	2011 年 7 月至 2011 年 8 月	3000.00	用于稳定由利比亚政局更迭所带来的国际油价波动

① 黄承雷．浅析美国石油储备的动用方式和效果［J］．管理观察，2013（9）．

3. 应急储备

应急储备主要是为维护社会稳定，减少公共卫生事件、自然灾害、事故灾难和社会安全事件等突发事件所造成的损失而进行的储备。相对于前述两种储备，首先，应急储备作用范围较窄，主要用于各种突发事件（动用战略储备通常是在“紧急状态”下）。其次，应急储备动用的时效性更强，要求在突发事件发生后及时反应、迅速行动，准确可靠地将储备投入使用。最后，应急储备物资是最基本的生产生活资料，如食品、药品、帐篷等，而这些储备物资又多为易耗品，或不易保存，或容易变质，需要及时轮换更新。

在实际管理中，根据应急储备物资的特点，一般应采取政府储备与企业储备相结合，实物储备和生产能力储备相结合的方式进行操作。第一，做强实物储备，完善现有的实物储备的物资品种和数量，确保基本保障水平。第二，尝试协议储备，选取部分物资以协议方式储备，即由企业储存这部分物资，由其进行轮转，规定企业保有一定规模的库存作为储备，并及时进行轮换更新，以避免储备物资变质失效的问题和超出有效期的问题。第三，探索社会储备，借助社会力量的物资和技能，为救灾提供物资和服务。

救灾物资储备是典型的应急储备。我国政府高度重视应急物资储备，目前已经初步构成国家、省、市三级政府应急物资储备体系。现在全国范围内已设立13个应对紧急事件物资储备中心。除此以外，在31个省、自治区、直辖市和新疆建设兵团建立了省级应对紧急事件物资储备中心。在251个地市构建了地级储备中心，占全部地市的75.3%；在1079个县构建了县级储备中心，占全部县市的37.7%①。目前，我国应对紧急事件物资储备的网络已基本建成。

4. 区别与联系

战略储备、调节储备和应急储备三者功能作用方面存在一定交叉，但又各有侧重。战略储备主要着眼于国家安全和经济可持续发展，用于抵御未来重要能源资源供应中断和资源危机，更加注重战略性和前瞻性。建立战略储备一般出于政治、军事或重大经济问题的考虑，往往会形成对外部的战略威慑。也可以说，战略储备的震慑作用远远大于储备物资本身的意义。例如，美国巨量的战略石油储

① 姜小文，韩永飞．我国应急物资储备体系优化探析［J］．淮北职业技术学院学报，2013（4）．

备已经成为美国实施对外政策的一个重要手段，其动用并不频繁，但对防止本国石油供应中断，稳定国际油价和提高自身对国际油价的话语权，具有重要作用。

调节储备与战略储备较为类似，但更多用于宏观调控，其与战略储备的区别主要体现在以下几个方面：

（1）重要程度不同。战略储备具有战略重要性，调节储备次之。

（2）作用领域不同。调节储备主要是调控市场和稳定物价，战略储备则主要着眼于国家安全和经济可持续发展。

（3）动用频度不同。调节储备主要用于调控市场供给，动用频度大于战略储备。

（4）经费保障不同。战略储备的经费保障大多来自国家财政，调节储备的经费保障可更多利用银行贷款或民间资本，财政仅补贴部分费用。

（5）管理方式不同。战略储备多由国家统一管理，调节储备则多与市场结合，管理方式更加灵活。

应急储备的功能则侧重于应对突发事件，因此避免对我国经济社会发展造成的短期巨大冲击，保持稳定、保障民生。

第二节 储备的功能作用

储备的逻辑起点是防风险，作用是储而备用，即储备并非满足当期需求，无论国家储备还是民间储备，其目的都是为了应对未来可能发生的各种风险。对企业或个人而言，储备的作用相对简单，而对于国家而言，由于国家面临的风险更具复杂性和多样性，因而国家储备发挥的功能作用也更多。总的来说，国家储备的功能作用主要体现在以下三个方面。

一、维护国家安全

国家安全是世界各国战略的核心内容之一，国家安全是一个内涵简单，但外延广泛且不断演化的概念。从根本上讲，国家安全是维持主权国家存在和保障其根本利益的各种要素的总和。广义的国家安全既包括传统的军事安全，也包括非传统的、非军事领域的经济安全、社会安全、科技安全等内容。军事安全和经济安全在国家安全中占有举足轻重的地位，而无论军事安全还是经济安全都是以军需物资和经济建设物资的持续、稳定供应为基础的。现实中由于资源的稀缺性往往造成某些物资的供应紧张，进而对一国军事安全和经济安全造成威胁，这就使国家储备有了保障物资供应，维护国家安全的功能。

现代战争和经济发展对重要物资（资源）的大量消耗，决定了开展国家储备的必要性。据有关资料显示，美国发动伊拉克战争之初，美军共向伊拉克输送油料 2.6 亿加仑（约 100 万吨），弹药 9.5 万吨，投掷各类炸弹 27250 枚。其中精确制导炸弹 18275 枚，发射巡航导弹 750 多枚。在经济方面，以原油为例，2013 年我国原油表观消费量 4.87 亿吨，累计进口原油 2.82 亿吨，对外依存度高达 58.1%，而石油素有“工业血液”之称，一旦发生供应中断，对我国经济的打击将无法估算。现阶段，我国工业化和城镇化快速发展，各种能源资源消费量不断扩大，而由于能源资源的稀缺性和不可再生性，光靠国内供应难以为继，大部分能源资源无法在短时间内从国外市场获得，但采购需要一定的周期，一旦因政治原因发生封锁或禁运将会使采购变得十分困难，必须通过平时的积累，建立一定规模的储备。

国家储备作为重要的战略后备力量，在维护国家安全中的主要作用有两个方面：一是国家储备可以防止供应中断或短缺。国家储备既可以通过储备战争中所必需的武器、弹药、装备来直接满足战争需要，也可以通过对一些重要的、制约着现代高科技发展和军事用途广泛的稀有金属进行战略性储备，以备不时之需。例如，金属锆是一种重要的稀有金属，主要用于核工业反应堆、航天航空工业和武器制造，对诸如此类的重要原材料进行储存，可以避免在战争时期因为供应中断而导致的不可弥补的损失。这类物资平时产量和消费量都不高，而战争发生时用量会急剧增加，如果平时不进行储备，一旦在战争中发生供应中断，其影响无法挽回。二是国家储备的存在本身就可以起到威慑作用。如国家建立的战略石油储备，具有平衡供需、抑制油价、抵御风险、保障国家安全的重要功能。一般情况下，战略石油储备亦对稳定国际油价、影响石油输出国的政策及调整市场心态具有威慑作用。当国际石油供应突然发生中断或国际油价暴涨危及国家安全与社会经济正常运转等紧急时刻，战略石油储备可以避免供应中断、平抑市场价格。

二、保障经济健康运行

在全球化和经济一体化不断加快的背景下，我国与世界经济的联系越发紧密，经济发展中的风险因素逐渐增多。我国正处在社会主义现代化建设的关键阶段，因此维持良好的市场秩序，保障经济健康运行就显得尤为重要。国家储备通过物资吞吐调节供需关系，发挥“蓄水池”和“缓冲器”的作用，从而避免严重过剩或短缺。

国家储备有助于实现经济运行的均衡发展。在市场不完全的条件下，各种经济活动围绕着价值规律，在均衡与非均衡之间不断变化。由于现实市场经济中并不具有保证市场竞争机制必然实现总供求均衡的完备市场条件，如果完全依靠市场机制去调节，则必然要以资源的巨大浪费为代价。市场机制并非完美无缺，它虽然能够有效配置各种资源，但市场机制本身不能保证宏观经济若干总量的平衡，不能防止地区之间、城乡之间以及个人之间可能出现的种种过于悬殊的差别。同时，在某些特殊领域或环节，市场机制本身不能发挥自动调节供求平衡和生成正确价格信号的作用，经济学把这些缺陷称为“市场失灵”或“市场失败”。例如，市场不能提供公共产品和公共服务，不能解决经济的外部性，不能解决环境污染，不能保护生态系统平衡等。因此，客观存在的宏观非均衡以及内在要求的均衡，为现代市场经济下的宏观调控提供了依据。国家宏观调控通过国家采取一定的宏观经济政策对经济总量进行调节，以减少市场机制调节时滞产生的高昂成本。国家储备通过调节供需关系，利用价格机制，对市场进行宏观调控，进而实现经济运行的均衡发展。

国家储备在进行宏观调控时有其显著的优势，具有针对性强、效果明显、可控性强的优势。国家储备针对特定物资市场，通过调整收储或投放总量调节供需关系，操作性强，这种供需关系的变化可以在市场中迅速得到体现，价格随之发生变化，从而实现预期调控目标。我们可以通过下面的例子来进一步理解国家储备在保障经济健康运行方面的作用。

当发生严重自然灾害或重大经济事件后，需求暂时性大幅提高，导致市场价格上涨，生产企业根据市场表现出的价格信号组织生产，提高产量、扩大产能。

由于这部分需求是刚性的，且为暂时性增加，但由于信息不对称，生产企业势必扩大产能，提高产量，此时必然造成产能过剩，导致市场供求关系失衡，进而给相关行业、产业带来负面影响，不利于经济的健康运行。如果进行国家储备，可以及时保证这部分暂时需求得到满足，从而消除由于信息不对称产生的市场误判，进而保障经济的健康运行。

三、保持社会稳定

国家储备在保持社会稳定方面能够发挥积极作用。保持社会稳定是大局，这是我国建设社会主义市场经济极其重要的经验，也是我国政府的一项常抓不懈的重要工作。面对复杂的国内外环境，我们应该清醒地认识到，我国幅员辽阔，国情复杂，各种自然灾害、公共事件、事故灾难、社会安全事件、经济大幅波动导致的社会不稳定事件频发，且影响越来越严重，给保持社会稳定带来了极大的挑战。挑战在所难免，关键是如何应对，这就需要我们未雨绸缪，做好必要的准备，包括各种救灾抢险的物资准备，保证突发事件发生后人民群众所需的基本生产、生活物资的供应，避免事态的进一步发展。

国家储备是国家直接掌握的物资，在解决经济类和自然类突发事件时具有作用直接、见效快的特点，在应对各种严重自然灾害、突发公共事件方面具有其他政策措施所无法比拟的优点。例如，在社会上出现某种产品市场价格过低时，可能会影响与这种产品相关联的上下游产业的生存与发展，造成大批企业破产、职工下岗，成为影响社会稳定的隐患。此时国家储备进行收储，能够提振市场信心，有助于企业回笼资金，保证就业，并进一步带动相关行业发展，实现社会稳定。2007 年，美国次贷危机引发全球金融危机，对我国经济造成严重威胁。此时，我国有色金属冶炼行业面临生死考验，资金链一旦断裂，将会给全行业造成灭顶之灾，尤其是该行业吸纳的大量就业人口将因此失业，给社会稳定和国计民生带来严重隐患。为此，国家储备针对电解铝等行业进行政策性收储，此举不仅缓解了电解铝生产企业的经营困境，避免大规模的失业，同时也缓解了电力、煤炭等行业的供需矛盾，社会效益巨大，对保持社会稳定发挥了积极作用。

第三节　储备管理的主要活动

本书以价值链理论为分析方法对储备管理过程中的各种活动进行分析，结合目前我国储备实践对相关活动进行描述。根据价值链理论，组织的价值活动可分为两类：一类是基本活动，是指涉及产品的物质创造及其销售、转移给买方和售后服务的各种活动。另一类是辅助活动，是指辅助基本活动并通过提供外购投入、技术、人力资源以及各种其他职能以相互支持。据此，本书亦将国家物资储备运行过程中的各项业务分为基本活动和辅助活动，如图 2－1 所示。

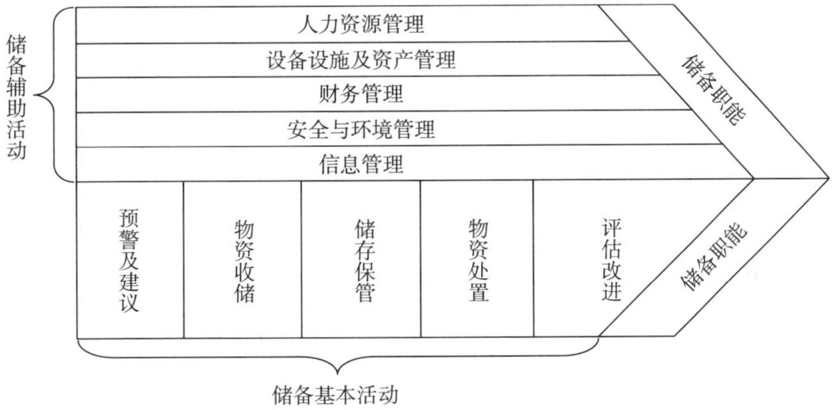

图 2－1　国家物资储备价值链

一、储备基本活动

储备价值链基本活动主要指与实现储备职能直接相关的各项业务，具体包括：

（一）预警及建议

储备管理部门应当采取适当的方法和手段对国内外环境、相关能源资源的供求格局等情况进行预测预警，结合自身定位和预期目标科学制定规划计划，适时科学提出物资收储、动用和轮换的有关政策建议。

（二）物资收储

物资收储是储备管理部门根据计划或指令取得储备物资的活动，主要包括商品选型、采购、运输。商品选型主要是确定所要收储商品的规格型号。采购是从资源市场获取资源的过程，按照不同的分类方式，储备采购可分为市场采购和定向收储、直接采购和间接采购、国内采购和国外采购、现货采购和期货采购等不同方式，确定供应商后应与其签订物资采购合同，明确规格型号、质量要求、包装标准、运输方式等事项。

（三）储存保管

储存保管是储备管理部门按照一定的原则选择承储单位储存保管储备物资。承储单位可以是有国家举办的、专门用于储存保管储备物资的储备仓库，也可以是满足特定管理要求的社会仓储单位。根据仓库业务流程，一般将储存保管分为入库、存储、出库三个阶段，主要包括接运、验收、办理入库手续、保管、出库、运送、装卸搬运等活动，详见图 2 - 2。其中，接运是指对经过铁路、公路、航运、空运和短途运输等运输工具转运的物资所进行的一种业务操作，目的是及时准确地向交通运输部门提取入库商品，为仓库验收工作创造有利条件，接运方式一般包括车站、码头提货，专用线接车，仓库自行接货和库内接货四种方式，国家物资储备一般实行送货到库制。验收是指按规定的程序和手续，对入库商品进行数量和质量检验的经济技术活动的总称。办理入库手续是指承储仓库对收到的货物向送货人进行确认，意味着分清运输、送货单位和承储仓库的责任，验收合格后物资方能办理入库，否则做出不合格处理。保管是对物品进行储存，并对其进行物理性管理的活动①，包括安排保管场所、堆码苫垫、维护保养、检查、盘点等活动。出库是指承储仓库根据国家物资储备局的指令并按照按指令所列的储备物资名称、规格、型号、数量等项目组织出库的一系列活动，国家物资储备出库一般实行到库提货制。装卸搬运是装卸和搬运的统称，一般两者同时发生。装卸是指物品在指定地点以人力或机械装入运输设备。搬运是在同一场所内对物

① 中华人民共和国国家标准：物流术语［M］. 北京：中国标准出版社，2006.

品进行水平移动为主的物流作业[①]，搬运装卸是连接仓储过程中各业务的纽带，贯穿于仓库作业全过程。

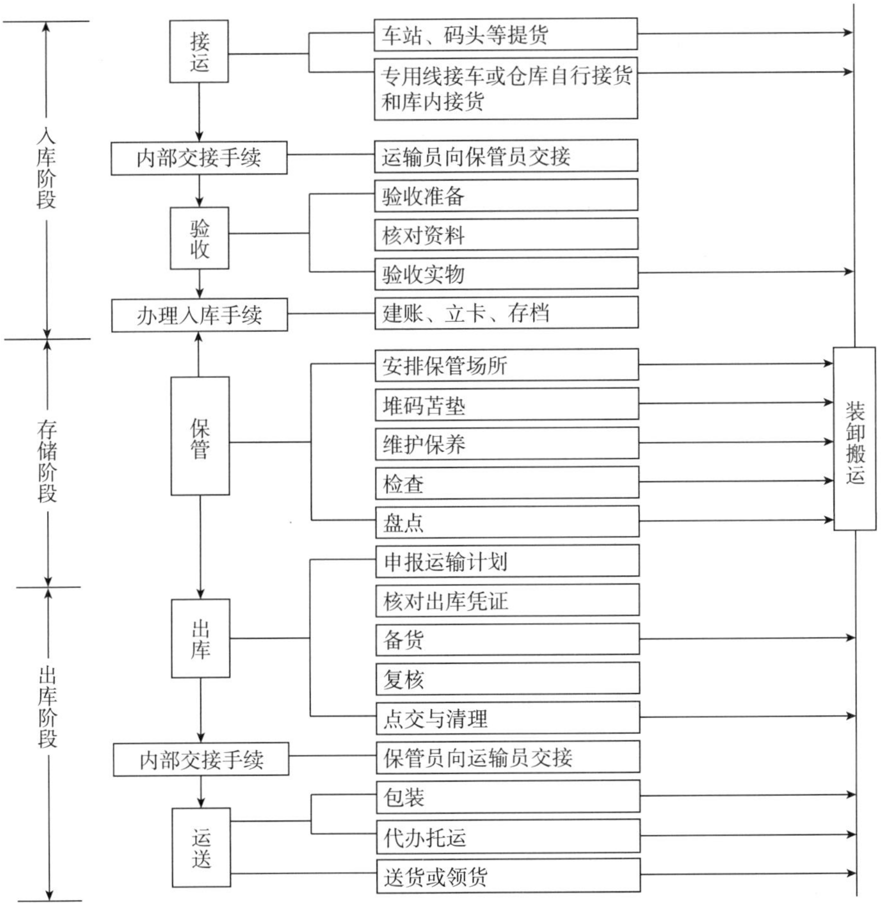

图 2－2　储存保管环节主要工作分解

（四）物资处置

储备物资处置一般包括储备物资轮换和投放两种行为。储备物资轮换是指在保持储备物资质量优良、品种和规格适用，根据储备物资合理储存年限和物资储

① 汝宜红．物流运作管理（第二版）［M］．北京：清华大学出版社，2013.

备有关管理部门批准的品种、规模调整计划，而对储备物资进行的更新行为①②。储备物资投放（或称“动用”）是指为满足国家规定的特定需要而将储备物资调出的行为，这种需要主要来自应对突发事件、进行宏观调控以及法律法规和国务院决定动用的其他情形。

（五）评估改进

评估改进是国家物资储备基本活动的最后一个环节，其主要内容是监督检查和持续改进，其中监督检查是评估改进的条件，持续改进是评估改进的结果。国家物资储备监督检查又可分为外部监督检查和内部监督检查。外部监督检查是指国家发改委、财政部或其委托的机构对国家物资储备计划落实及指令执行、财政资金使用情况等进行的监督检查。内部监督检查是指国家物资储备局对本级及下级有关单位规划计划实施情况、国家战略物资储备效益、储备物资储存管理等进行的监督检查。通过内外部监督检查，对发现的问题采取相应措施，不断完善管理体制和运行机制，进而实现国家物资储备系统持续改进。

二、国家物资储备辅助活动

国家储备价值链辅助活动指对基本活动起支持作用的各项业务，包括人力资源管理、设备设施及固定资产管理、财务管理、安全与环境管理、信息管理等。

（一）人力资源管理

人是生产力中最活跃的因素，国家储备人力资源管理对国家储备基本活动各个环节及国家储备功能实现均产生影响。国家储备一般由政府进行管理，因此其人力资源管理是一种公共部门人力资源管理，有别于一般私营部门（企业）人力资源管理。公共部门人力资源管理又可分为广义的人力资源管理和狭义的人力资源管理。广义的公共部门人力资源管理是指管理机关依据法律规定，对国家行政组织和相关的国有企业事业单位所属的人力资源进行规划、录用、任用、薪酬

---

① 《中央储备粮油轮换管理办法（试行）》中关于中央储备粮油轮换的定义：中央储备粮油的轮换，是指在储备规模不变的情况下，为保持中央储备粮油品质符合国标规定，经营管理中央储备粮油的单位根据中央储备粮油的品质检查认定结果，按照国家计划，以新粮油替换库存粮油。

② 《国家物资储备收储、动用和轮换暂行办法（实行）》（计办综合〔2000〕639 号）关于国家物资储备轮换的定义：在保持储备物资质量优良、品种和规格适用并根据合理储存年限而进行的更新行为。

保障等管理活动和过程的总和[①]。狭义的公共部门人力资源管理主要针对政府机关公务员的管理，包括对公务员的选拔、培训、薪酬、晋升、退休等，此类人力资源管理有一系列相关的法律和规章制度，如《国家公务员录用暂行规定》《国家公职人员培训暂行规定》等。此处提到的公共部门人力资源管理指广义概念的公共部门人力资源管理，具体内容包括人员招聘与配置、培训与晋升、工资与福利、绩效与考核、员工关系和信息统计等。

（二）设备设施及固定资产管理

设备设施及固定资产管理是指对设备设施和资产的规划设计、选型、采购、安装、使用、维护、修理、改造、更新直至报废进行管理的全过程。此处所指设备设施和固定资产主要包括储备仓库、仓库附属设施（如库内道路、泵房、配电室等）、起重设备、运输搬运设备、安防设备、检测实验设备等。设备设施和固定资产是有形的生产要素，对它的管理既有物质要素的管理，又有职能管理，即既要制定关注设备设施和固定资产本身的技术标准，又要制定对其使用及维修过程中相关的人财物进行技术、经济和组织方面的管理标准和工作标准。

（三）财务管理

财务管理是辅助国家储备辅助活动的重要工作。这里需要先说明的是，此处所指财务管理与一般意义上的行政事业单位财务管理有一定的区别。对一般意义的行政事业单位财务管理而言，《行政单位财务规则》《事业单位财务管理规则》等有关法律法规做出了相应规定，各单位遵照执行即可，不纳入财务管理标准范围。此处所指财务管理更多指的是直接为物资储备周转运作服务的相关财务工作，如战略储备物资资金管理（如审核和结算）、储备信贷资金管理、内控管理、战略物资储备费用标准管理、储备物资财务信息统计等。

（四）安全与环境管理

鉴于国家储备的重要性，安全管理是国家储备的重要管理内容，受到储备管理部门的高度重视。安全管理是人机工程、系统工程、可靠性工程的具体体现，实质是对人—机—环境的安全管理。以原国家物资储备系统为例，其安全管理工作不断学习借鉴先进的管理理念和管理方法，吸收职业健康和安全管理的方法理

① 陈超．新公共管理视角下我国公共部门人力资源管理研究［D］．燕山大学，2012.

念建立了安全审计制度，同时有关仓库也在推行职业健康安全管理体系和环境管理体系，进一步将安全管理、职业健康管理和环境管理融合在一起，扩大了系统安全管理的内涵和外延，成为国家储备的有益实践，这也是此处将“安全与环境管理”列为储备辅助活动的重要原因。

（五）信息管理

随着生产力的发展进步，人类社会已经由电气时代进入信息时代。信息在经济社会发展中的重要程度日益增强，我国因此提出了“以信息化带动工业化、以工业化促进信息化”的发展战略，这无疑凸显了信息管理的重要性。信息管理是人类为了有效地开发和利用信息资源，以现代信息技术为手段，对信息资源进行计划、组织、领导和控制的社会活动。对一个组织而言，高效、准确、及时的信息管理是组织高效运转和提高管理水平的前提条件，也为组织信息化建设提供了良好的发展环境，进而推动组织信息化进程。

第三章　国外储备发展概述

第一节　国外储备发展历程回顾

古代埃及、古代印度、古代巴比伦时期均建立了粮食、武器等重要物品储备，并制定了相应的管理制度。但是真正意义的现代储备，是从20世纪第一次世界大战之后开始的。

“一战”期间，交战双方为互相遏制，通过“饥饿封锁”切断对方的矿产资源补给线。“一战”后，世界主要国家认识到物资储备的重要性，纷纷着手开始建立物资储备。美国军事总参谋部制定规划时考虑了关键性军事物资可靠供应问题，并汇总形成一份包含42种重要物资的列表，即“哈伯德清单”（Harbord List）。1923年2月，美国将阿拉斯加北冰洋沿岸有大油苗划定为海军油储，拉开了美国储备的序幕。1939年6月7日，美国国会通过了《战略和紧急物资储备法》（公共法76－177），正式确立了战略物资储备制度。

第二次世界大战期间，交战双方均采取各种措施切断对方的补给，尤其是矿产资源和石油的补给，削弱对方军力。经过两次世界大战后，无论是战胜国还是战败国，都充分认识到建立矿产资源战略储备的重要性[①]。苏联、英国、德国、

① 张所续．矿产资源战略储备与国家安全［J］．中国矿业，2010（10）．

法国等国家陆续建立战略物资储备制度，并逐步发展完善。

“冷战”开始后，由于美苏两大军事集团的对立，以美苏两国为代表的军备竞赛日益激烈，用于战争准备的储备物资规模快速扩张。以美国为例，1956 年其储备物资已达 70 余种，4600 多万吨，价值 87 亿美元。20 世纪 60 年代末，美苏力量对比发生微妙变化，美国因此削减了部分储备，但双方对物资储备的重视程度并没有因此而改变。

20 世纪 70 年代初，在世界范围内爆发了两次石油危机，使得主要国家认识到石油储备的重要性，石油储备粉墨登场。尽管石油危机之前美国、德国等国已经建立了一定规模的石油储备，但主要是用于满足战争需要，没有考虑本国经济发展需要。经受了石油危机的巨大冲击后，石油储备的战略重要性凸显，世界主要国家陆续着手建立和加强本国石油储备，美国、日本等国建立了庞大规模的石油储备，增加了本国在国际石油市场的话语权，为应对国际石油市场大幅波动提供了有力支撑。

“冷战”后，世界各国将发展经济作为提升本国国际地位的战略手段，全球经济持续向好，全球化和经济一体化步伐加快，各种能源资源交易活跃，并通过国际市场在全球范围内进行配置。同时，现代物流极大发展，物流效率和及时性显著提高，精益制造（JIT）、零库存等现代企业管理理念深入人心，使得人们更倾向于压缩库存，无论是生产库存、流通库存、抑或是国家储备。基于上述背景，美国对其储备政策进行了调整，除石油储备外大幅削减国防储备中的大部分金属和非金属矿物，其他国家的储备政策也相对消极。

21 世纪初，随着全球经济的快速发展，中国、印度、巴西等新兴经济体快速崛起，其对重要能源资源的消费需求大幅增长，导致重要能源资源对外依存度显著提高，各国在重要能源资源的竞争日趋激烈。加之国际政治经济军事格局的深刻变化以及资源民族主义的抬头，主要能源资源消费国面临供应中断风险和市场波动加剧。为保障本国重要能源资源的可靠供应，部分国家重新对本国储备政策进行了调整，加强重要能源资源储备。例如，2006 年，韩国政府计划启动对稀有金属和铁合金的储备，包括钼、钨、铬、铬铁、钴、锰及锰铁、钒及钒铁、铟、钛、锑、铌、铊和硒等，储备量为韩国 2 个月消费量。2007 年 6 月，日本经济产业省公布了确保稀有金属供应的综合对策。目前储备的镍、铬、锰、钼、钴、钨和钒七种稀有金属，储备量为日本国内消费量的 30 ~ 40 天，目标为 60 天，其中增加的储备新品种为铂、铟、铷和镝。

第二节　美国储备发展概况

一、美国国防物资储备

（一）美国国防物资储备制度的产生与发展

美国是近代最早建立国家储备的国家之一。“一战”后，由于物资短缺导致的生产延误经常发生，美国军事总参谋部因此在规划中考虑了这种情况，并于 1918 年制定了含有 42 种关键性军事物资的最低需求列表，称作哈伯德清单（Harbord List）。1921 年美国矿业局的研究小组在一份报告中提出“应加强对海外落后地区的矿产勘查和开发，进行矿产品的战略储备”。该报告对美国建立矿产资源战略储备具有重要影响。1923 年，时任美国总统的哈丁在第 3797A 号行政命令中宣布：“有鉴于阿拉斯加北冰洋沿岸有大油苗，具产出有价值油田的条件……有鉴于未来海军的石油供应始终是国家关心的问题，因此，我，W. G. 哈丁，美利坚合众国总统，凭借法律授予我的权力，把目前尚未依法登记、承租或使用的下述地区……从公有土地中划分出来，作为海军油储。”这就是后来被称为海军油储 4 号的地区，总面积近 10 万平方公里，在这些地区，只探不采，仅在紧急情况下采出供海军之用①。1939 年 6 月 7 日，美国第 76 届国会通过《战略和紧急物资储备法》（公法 117），其立法目的是“帮助美国储备一些资源不足或者开发水平不高的自然资源作为战略物资，以满足国防在工业、军事和海军发展方面的需要，并鼓励矿产资源的开发和战略物资的储备”。《战略和紧急物资储备法》标志着美国战略物资储备制度的正式确立。

之后，美国陆续通过一系列战略物资储备相关法律，并根据外部环境的发展

① 张新安．国外矿产资源储备历史及现状［J］．国土资源情报，2002（2）．

变化不断修订完善，从而形成了美国目前的战略物资储备法律体系，进一步巩固和确立战略物资制度。1941 年 5 月 28 日，第 77 届国会颁布了公法第 76 条，作为 1939 年储备法案第六节的补充。1946 年，美国对《战略和紧急物资储备法》进行了修改完善。主要是为满足国防在工业、军事和海军发展方面的需要，着重储备一些资源不足或者开发水平不高的自然资源。1950 年，朝鲜战争爆发，矿产品消耗急剧增加，同年 9 月美国国会颁布实施的《国防生产法》，主要对战略物资的生产、储存等问题进行了规定。

20 世纪 70 年代中后期，世界范围内爆发的两次石油危机，使石油价格大幅上扬，受此影响美国国会于 1975 年颁布了《能源政策和储备法》，授权联邦政府建立战略石油储备，旨在稳定石油供应。在石油危机和其他国际因素的影响下，铜、锡、锌等重要商品价格大幅提升，这对美国经济安全构成一定冲击和影响，使得美国政府对矿产储备进行了重新审视，于 20 世纪 70 年代后期再次启动了矿产重要性的评估项目，并最终于 1979 年对《战略和紧急物资储备法》进行了修订。该法重组了美国国防战略储备体系，明确了总统在管理国防储备库中的责任，即“总统应在必要时指示用相同数量的矿产轮换或替换储备库中的矿产以防止矿产破坏”“在超过储存要求时或可能引起政府损失时，应及时处理储备库中的矿产”①。

之后，美国国会还多次修订相关法律，逐步完善美国战略储备体系。1990 年美国国会又重新修订了《能源政策和储备法》。2014 年 12 月 19 日，根据公法第 113 -291 号决议，美国对《战略和紧急物资储备法》进行全面修订。

（二）美国战略物资储备工作的运行机制

根据美国法律规定，美国建立战略和紧急物资储备的目的包括两个方面：一是保证国内较为匮乏的自然资源能够满足军事、工业以及民众基本需要。二是鼓励在美国本土发展和储存这些物资，以减少美国在外国资源上的过度依赖以及在国家紧急情况时出现这些物资供应的短缺。

美国的战略物资储备工作由总统直接负责，具体的管理和运行由相关机构执行。总统可以决定哪些物资是战略和紧急物资，这些物资的质量和数量多少。总

① 佚名. 美国矿产储备政策的简要回顾［J］. 现代矿业，2009（2）.

统需要根据以下几项原则来决定哪些物资可以作为储备物资：一是物资储备的目的只能是为了满足国防利益的需要，而不能用于经济或者财政目的。二是在国家遇到紧急情况时，储备物资的数量必须能够满足不少于三年的使用时间。

1949～1988年，战略物资储备工作一直由联邦总务署（The General Service Administration）和联邦紧急事务管理局（Federal Emergency Management Agency）负责。1988年美国成立国务院国防后勤委员会（DLA）管理下的国防国家储备中心（DNSC）具体负责采购、储存和管理等事宜。1992年，国防储备市场影响委员会（MIC）成立，该机构主要向国防国家储备中心提供储备物资采购与抛售等方面的意见建议，进而保护政府不受损失，同时尽量减少由于物资的获取和销售对市场产生不必要的影响。

根据美国法律规定，国防部长被任命为国防储备部门（NDS）的行政长官。采购、技术和后勤等相关管理工作由副国防部长负责。NDS的各种业务活动由国防后勤局（DLA）的行政长官负责。国防后勤局战略和关键物资管理中心（简称DLASM）是为管理NDS有关项目而成立的，具体包括储备物资的获取（购买）、仓储、日常管理、处置等工作。

美国战略物资储备所需资金全部由政府拨款，联邦应急管理局国防储备政策部门制定"年度物资购买计划"。此外，美国法律还规定每年1月15日之前，总统需要向国会提交一份报告，该报告详细介绍了国防储备的运行情况。每年2月15日之前，总统还需要向国会提交另外一份报告，该报告中包含了下一个财政年国防储备物资的清单（Annual Materials Plan）。该报告由国防国家储备中心起草，其中包含了国防储备市场影响委员会给出的关于物资储备对国内外经济影响的专家意见建议，以减少物资储备对市场经济造成的影响，以及帮助政府避免不必要的损失。该报告制定出来后，经总统同意，报国会审议，国会通过后才能组织执行。

1979年《战略和紧急物资储备法修正法》规定了为战略和紧急物资储备永久不定期拨款，确定在财政部建立国防战略储备专用基金账户（国防储备交易基金），专门用于开展矿产战略储备的交易活动，主要为NDS获取新的储备物资，以及因此开展的仓储、轮换更新、向国会提供需求报告、环境保护等相关工作提供资金支持。用于储备物资的运输、加工、提炼、储存、安保、维护、轮换和处理的资金均要经过法律授权。截至2016年9月30日，该基金的最终平衡资金为

1.91 亿美元。

美国战略和关键物资的采购和处理要求引入竞争程序，相关信息会在 DLA 官方网站上公布。另外，物资采购和处理还应采取措施避免生产者、加工者和消费者对正常市场秩序造成扰乱。

（三）美国战略和紧急物资储备的品种和规模

美国法律对矿产储备的品种规模进行了明确规定，并根据各时期美国国防和经济社会发展实际情况进行调整。《战略和紧急物资储备法》通过后，原美国矿山局和美国地质调查局依据该法对美国锑、铬、锰、汞、镍、锡和钨七种战略矿产的可能供给来源和方案进行了研究，并在整个“二战”期间将研究范围扩大到 39 种矿产（不包括普通工业矿物）。《国防生产法》通过后，要求政府建立的矿产储备应确保紧急情况下至少维持美国三年的供给。到 1956 年，美国储备物资有 70 多种，4600 多万吨，价值 87 亿美元，主要是军事工业和重要民用生产所必需的初级产品，如铬、钴、锰、钛、铂等。

20 世纪 60 年代末，世界形势向有利于美国的方向发生了微妙变化，美国于 1970 年初出售了国防储备库中一部分矿产品。1973 年，尼克松总统下令将矿产储备量确定为满足一年之需。20 世纪 70 年代中后期，受石油危机影响和其他相关因素影响，石油和铜、锡等重要商品价格大幅上涨，对美国造成较大冲击，在此背景下美国国会再次启动矿产重要性的评估项目，修订了《战略和紧急物资储备法》，明确规定将 93 种材料纳入战略和紧急物资储备，储备规模至少维持三年的国防所需。截至 1987 年，美国矿产储备的矿种多达 29 个，总市场价值可达约 89 亿美元。

“冷战”后，华沙条约组织和苏联解体，发生世界大战的可能性大大降低，发展经济成为世界主流，美国保有大规模储备成为沉重负担。在此背景下，美国重组了战时计划框架，确立了新的国防储备方针，储备目标量大大下降。1992 年美国国会通过了《1993 财政年度国防授权法》，批准处理国防储备库中价值约 50 亿美元的过时和过剩的储备物资。从 1993 年起，国防国家储备中心开始分批卖掉部分储存的矿产品。到 1999 年 9 月 30 日，已处理约 20 亿美元的矿产品，剩余储备物资价值减少到约 34 亿美元。这种做法一直延续到现在，2001 ~ 2016 财年，NDS 通过销售储备物资的总价值合计 42 亿美元，NDS 的储备物资总库存市值持续下降，截至 2016 年 9 月 30 日，其总市值为 11.5 亿美元，如图 3－1 所示。

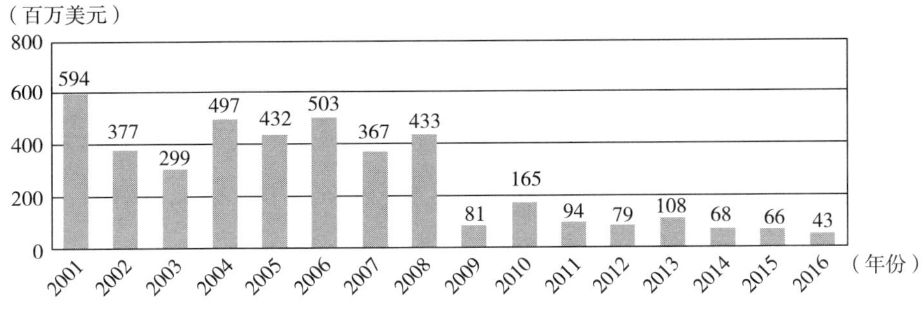

图 3－1　2001～2016 财年美国储备物资销售情况

二、美国战略石油储备

美国石油储备体系分为商业储备（库存）和战略储备两个部分。美国商业石油储备的建设和运营由企业独立决策并组织实施，以保障企业生产和盈利为主要目的，企业根据商业协会等市场组织发布的石油库存数据决定自身库存规模，政府则主要通过价格管制、税收和贷款扶持等政策对企业商业储备进行引导，不进行过多直接干预。美国战略石油储备归国家所有，通过向市场释放储备油来减轻市场心理压力，平抑油价，保障石油稳定供给。截至 2018 年 10 月美国石油库存总量达 19.04 亿桶，其中商业石油储备（库存）12.49 亿桶，战略石油储备 6.55 亿桶。以下将着重对美国战略石油储备的发展历程及运作管理进行详细介绍。

（一）美国战略石油储备制度的产生与发展

早在 20 世纪四五十年代，欧美等西方国家就已经意识到石油对未来国家发展的重要性，并提出了建立石油储备的初步设想。1944 年，时任美国内政部长哈诺德·伊克斯提出了建立国家战略石油储备的构想。1952 年，美国国家矿产资源政策委员会也提出了类似建议。1956 年，英法对埃及发动战争，导致苏伊士运河危机，欧美国家第一次切身感受到石油供应中断的苦果，也同时开启了欧美国家筹备建立石油储备的序幕[①]。

① 杨子健，李威．中国石油储备体系的发展现状与建议［J］．国际石油经济，2015（9）．

1973 年 10 月，第四次中东战争引发了第一次世界石油危机，导致美国、日本、英国等国家的经济受到严重冲击。为应对石油危机的影响，美国政府决心建立战略石油储备，并于 1975 年 12 月 22 日通过《能源政策和储备法》，授权美国政府建立国家战略石油储备，并由能源部建设和管理战略石油储备系统，明确了战略石油储备的目标、管理和运作机制。

此后，美国各届政府都将石油储备作为保障石油供给安全的重要措施，并通过一些法律来加强战略石油储备的建设，逐步建立了比较完善的石油储备体系①。例如，1978 年卡特总统签署《国家能源法案》（*The National Energy Act*）、《国家能源节约政策法案》（*The National Energy Conservation Policy Act*）。1980 年，美国国会通过《能源安全法》（*The Energy Security Act*），要求政府加强原油的采购，拨出专门经费用于战略石油储备，加快战略储备的建设。

1977 年 4 月，政府收购了几个现有的盐穴作为首选的储存基地，美国的战略石油储备地点几乎全部集中在墨西哥湾沿岸，主要利用得克萨斯州和路易斯安那州墨西哥湾沿岸的地下溶洞，建设了五大战略石油储备基地。美国战略石油储备如此布局主要出于三个方面考虑。首先，便于石油的运输和加工。墨西哥湾是美国最重要的石油生产和加工基地，将战略石油储备基地布局于此可紧靠石油生产和加工企业，可降低战略石油储备投放时的运输成本，大大提高反应能力。其次，有利于保证战略石油储备的安全性。美国的战略石油均储藏在该地区地下 610～1200 多米深的巨型盐矿洞穴中，可以防御任何人为和战争的破坏。最后，便于储藏，成本低廉。每片盐穴群由 10～20 个盐洞组成，这些盐洞一般在地下 1000 米处，最大的盐洞可储存原油 3700 万桶，最小的也可储藏 600 万桶，每桶成本费大约是 3.5 美元，仅为地上油库储存成本的 1/6 左右。同时，盐洞在地下千米深处，其外围的盐质结构即使出现裂缝，来自地层深处的地质压力也会弥合裂缝，确保原油不会渗漏，在高度差引致温度差的条件下原油不停地环流，能够保证原油长期保持高质量。

1977 年 7 月，美国建成第一个储油盐洞，随即开始购买第一批战略储备石油。同年 7 月 21 日，第一桶石油被注入这个盐洞，随后第一批约 40 万桶石油陆

---

① 费明明，赵鹏大，陶春中．中美战略石油储备的比较研究［J］．中国科技论坛，2011（2）．

续被储备起来。1980 年，美国出台的《能源安全法》进一步加快了其战略石油储备的建设，1980～1985 年战略石油储备的建设经历一个黄金期：1980 年，战略石油储备突破 1 亿桶，一年后迅速达到 2. 3 亿桶，1982 年和 1983 年分别达到 2. 94 亿桶和 3. 79 亿桶，1985 年其储量近 5 亿桶①。在第二次石油危机结束后，美国放缓战略石油储备建设的步伐，储备量的增长速度放慢。1990 年美国战略石油储备量为 5. 86 亿桶，而 1994 年的储备量仅增加到 5. 92 亿桶，美国战略石油储备的建设也随之陷入停滞状态。1995～1998 年，美国政府不仅停止购买战略储备油，而且出售了部分石油，战略石油储备量不升反降。受外部局势影响，1999 年开始，美国开始新一轮扩充战略石油储备。2001 年 11 月，布什政府决定迅速增加石油储备，要求在 2005 年达到 7 亿桶。之后美国战略石油储备规模逐年扩大，到 2008 年突破 7 亿桶，并于 2011 年达到 7. 27 亿桶的历史高位。2012 年以来，美国战略石油储备规模一直维持在 6. 5 亿桶以上。截至 2018 年 1 月，美国战略石油储备规模为 6. 64 亿桶。如图 3 －2 所示。

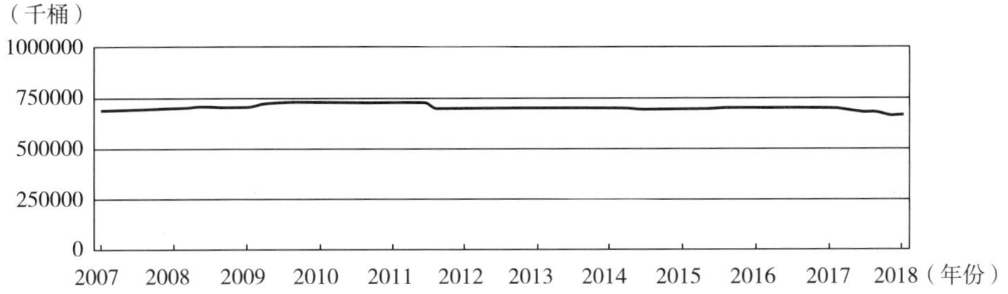

图 3 －2　2007～2018 年美国战略石油储备规模变化情况

（二）美国战略石油储备的运作管理

美国战略石油储备为政府所有，由美国能源部下设的化石能源办公室负责具体管理，并与私营公司签订管理和运营合同，由私营公司具体负责战略石油储备站点的日常运行、维护和安全保护。战略石油储备运作过程中的所有资金，包括从建设储库、采购石油到日常运行管理费用均由美国财政支付。

① 王蓓萨. 20 世纪 70、80 年代美国的能源外交［D］. 哈尔滨师范大学，2010.

战略石油的采购和投放主要采取市场招标机制。招标采购中，40%来自与墨西哥国家石油公司签订的长期供应合同，其余是市场现货招标采购。通常选择价格低迷时采购，既要避免引起市场价格波动，又要防止造成石油储备资金损失。除了招标采购外，还有一部分储备石油通过联邦石油资源的租金形式获得。战略石油储备的投放也采取招标机制，政府向石油公司招标，再由石油公司按市场价格销售，回收资金交财政部的石油储备基金专门账户，用来补充石油储备。政府采购和投放战略石油的过程中都会尽可能避免对市场价格的冲击和影响。

美国战略石油储备的目标是防止石油禁运和中断石油供应，平时不轻易动用。根据《能源政策和储备法》规定，联邦政府向市场投放战略储备包括四种情况：一是全面动用。当石油进口中断和国内石油产品供应中断，以及遭遇破坏或者不可抗逆的原因造成的“严重能源供应中断”，导致相当范围和时间内石油产品供应大幅减少，价格严重上涨，对国民经济产生严重负面影响时，可以全面动用战略储备。二是有限动用。当出现大范围和较长时间的石油中断供应时，可以部分动用战略石油储备，但动用总量不能超过3000万桶，动用时间不能超过60天，储备石油低于5亿桶时不能动用。三是测试性动用。主要是为了防止在紧急动用时发生故障，测试储备设施系统是否能够正常运行，测试动用总量不得超过500万桶。四是轮库形式的动用，主要是解决因油品品质或短期内区域性能源短缺造成的石油供应企业交货问题，用联邦储备与企业储备进行临时交换。如2000年美国西部地区的石油天然气紧缺，克林顿总统批准用2300万桶储备石油与企业轮库，并要求企业在2001年3月以前归还。全面动用和有限动用都需要总统决定，测试性动用可授权能源部部长决策。至今为止，美国在建立战略石油储备的40年中仅动用过6次。

第三节　日本储备发展情况

日本矿产资源极度匮乏，据日本经济产业省的数据显示，其有储量的矿种仅有12种。但日本经济发达，是矿产资源消费大国，对许多矿产品的需求量居世界前列，大部分矿产资源需要从国外进口，原材料和能源的对外依赖度为84%，其中金属和非金属矿物中铜、锌、铝、镍、磷100%需要进口，能源中石油的99.68%、天然气的97.56%、煤炭的99.35%需要进口。因此，日本十分重视矿产资源储备。

目前，日本的矿产资源储备分为石油、天然气储备和稀有金属储备，主管政府部门为通商产业省。根据相关法律规定，通商产业省在矿产资源储备方面的主要职责是制定储备政策、确保储备预算、协调有关部门的关系、决定储备的投放①。为更好地开展矿产资源储备，日本政府分别于1963年和1967年成立了具有准政府性质的机构——日本金属矿业事业团（MMAJ）和日本石油公团（JNOC），承担两大类矿产资源储备管理的具体事务。

2002年，日本国会通过《独立行政法人——石油天然气·金属矿产资源机构法》，将日本金属矿业事业团和日本石油公团两个机构合并组建“石油天然气·金属矿产资源机构”（JOGMEC），并于2004年正式开始运作。石油天然气·金属矿物资源机构下设石油开发支援部、石油开发技术部、金属资源开发部、资源储备部、金属矿害防止支援部5个部门，其中资源储备部负责矿产储备的日常运转。

一、日本稀有金属储备

为确保日本矿产的稳定、长期和安全供应，日本实施了一套涵盖石油、天然气、稀有金属等重要矿产的全球战略组合，即政府、企业、行业协会及相关机构分工协作良性互动，形成了日本矿产资源全球供应系统，培育出具有国际竞争力的矿业跨国经营队伍，形成一大批海外矿产资源基地。

1. 日本海外矿产资源勘查补助金制度

自20世纪60年代开始，日本政府通过财政支持、立法等措施，建立了海外矿产资源勘查补助金制度，鼓励境外开矿，推动其全球资源战略。1963年，日本成立了金属矿业事业团，直接或间接地参与日本海外矿产资源勘查开发事务，

① 王克强，俞虹．美、日两国矿产资源储备机制及其对我国的启示［J］．经济体制改革，2011（5）．

为本国企业在海外开展基础地质调查提供资金支持，承担项目前期风险，引导企业选点，并通过技术合作和经济援助合作，降低日本企业在海外勘查开发风险。

日本的海外矿产资源勘查补助金制度是日本政府为促进本国企业勘查开发境外资源而给予的资金支持，其通过组织各种团体，以经济援助为先导，向资源国派遣事业调查团，收集资源国信息，并建立海外矿产勘查补贴制度，对开展海外地质调查、矿产勘查及矿山建设提供资助或贷款担保。海外矿产资源勘查补助金预算由经济产业省制定，从国家财政支出，规模为 6 亿 ~ 7 亿日元，政府每年通过 JOGMEC 发布补助金征集公告，企业通过提交相应的申请材料来取得补助金[①]。其中，日本公司海外矿床勘探中钻探和坑探工程政府补贴 50%，其他工程补贴 60%，与其他外国企业共同进行海外矿产勘查时，日本政府为本国公司提供 50% 的资助[②]。

日本通过海外矿产资源勘查补助金制度以及金融、税收等多种手段，全方位鼓励矿业企业跨国经营，从政治、外交等不同角度支持和促进企业在海外建立矿产资源供应基地，广泛布点。其中，巴西的铁，智利、秘鲁和阿根廷等国的铜、金是日本的重中之重。另外日本也对俄罗斯、蒙古国以及中亚及其他资源丰富国家采取了强有力的渗透政策，并取得了一定的战略控制权。

2. 日本稀有金属储备

1972 年 5 月，在日本第一部长经济政务会下设的自然资源委员会公布的一个文件中指出，要“建立一个储备缓冲机制以稳定价格”。1974 年 9 月，日本矿业委员会建议对日本十分重要的、不可替代的，以及被国际公司垄断的、易被自然灾害、政治因素影响的、经常被投机经营的资源进行储备[③]。通产省随后组织专门会议对 23 种金属进行讨论，最终确定铜、镍、铬、钨为储备矿种。1981 年，日本召开有色金属矿物资源安全供给确保讨论会，对 46 个矿种进行研讨，从保障经济安全的角度，提出了 14 种金属作为政府储备矿种，通商政策局之后咨询相关初级产品委员会对储备矿种选择进行了进一步的讨论，于 1982 年在《经济安全保障的确立》报告书中提出从 16 种供给结构脆弱的金属矿种中选出 7 种进

---

① 徐衍坤. 日本全球矿产资源战略及储备制度简介（上）[J]. 金属世界，2008（3）.

② 王边莲. 浅谈我国矿产资源储备战略 [J]. 矿产保护与利用，2011（4）.

③ 周浩，陈其慎. 日本矿产资源储备及对我国的启示 [J]. 中国矿业，2011（S1）.

行国家储备，分别是镍、铬、钼、锰、钒、钨、钴。1983 年，日本稀有金属国家储备制度正式实施。1985 年日本在茨城县开始着手建设国家储备仓库，占地面积达 37000 平方米。

日本稀有金属储备采取国家储备和民间储备相结合方式进行运作。日本稀有金属储备实施之初包括三个部分，分别是国家储备（长期对策）、共同储备（中期对策）和民间储备（短期对策），储备目标是保障国内 60 天的消费量，其中国家储备保障 25 天、共同储备保障 25 天，民间储备保障 10 天。1986 年，日本取消共同储备，稀有金属国家储备制度仅保留了国家储备（中长期对策）和民间储备（短期对策），储备目标依然是 60 天，其中国家储备保障 42 天（70%），民间储备保障 18 天（30%）。

民间储备由 1982 年成立的社团法人特殊金属协会（RMA）负责运作，主要职能包括：①稀有金属的民间储备和抛售；②储备物资的进口和销售；③稀有金属抛售前的调研工作；④全球稀有金属供求状况分析；⑤协助国家储备实施主体——独立行政法人石油天然气金属矿物资源机构的工作；⑥其他业务。日本企业界也在特殊金属储备协会的牵头下对稀有金属进行储藏。该协会成员包括新日本制铁、住友金属、日立金属、神户制钢所等日本大型制造企业。

日本稀有金属储备的矿种，主要是在电子信息技术、空间技术、能源技术、生物技术等高科技领域具有举足轻重作用的稀有金属。选定品种时，重点考虑以下几个方面因素：一是现代社会生活、产业活动不可或缺的原材料。二是资源大部分依赖进口。三是资源分布集中、处于垄断地位。四是供给系统脆弱。2006 年，日本经济产业省再次组织稀有金属供应商、稀有金属用户以及有关专家学者等参加的研讨会，共同研究提出钒、铬、锰、钴、镍、钼、铂、银、铜、钨、铟以及稀土等 31 种稀有矿产资源的稳定供应对策，并将研究结果作为政策课题纳入“国家能源资源战略规划”，在原有的 7 种储备金属的基础上，又增加了铂、铟和稀土三种稀有金属。此外，日本近年来有意识在加大储备数量，并建立了专项储备资金。

根据规定，JOGMEC 在战争、内乱、罢工或者运输事故而导致海外供给不足，或价格出现显著上涨时将抛售（或动用）储备。从动用的时机看，包括紧急抛售、抑价抛售或日常抛售（轮换）。紧急抛售是在出现供应危机等紧急时刻采用的抛售行为，目前日本尚未启动过紧急抛售。抑价抛售是在非紧急状态下储备金属价格高涨时的抛售制度，也可在储备金属供应风险降低时按储备目标保障天数的一半对储备金属进行减半处理。例如，1998 年 4 月和 6 月，钒的月平均市场价格达到了正常市场价格的 2 倍，根据法律要求 MMAJ 从政府储备中以钒铁的形式向钢铁生产者和向其他终端用户出售了 9619 吨的钒。2003 年 6 月至 2004 年 12 月，JOGMEC 又投放了约 400 吨的钼精矿和近 200 吨的金属钒。

近几年，日本政府灵活运用国家储备抛售制度，对部分稀有金属进行了抑价抛售和平时抛售处理，其中包括镍矿 863 吨，镍铁 6443 吨，钼 415 吨，锰铁 19560 吨，钒铁 160 吨，钨 117 吨。从日本稀有金属国家储备抛售的时机来看，与国际供求关系、国际金属价格变化的步调是基本一致的，通过这些储备的放出对供求和价格波动起到了很好的缓冲作用。

二、日本石油储备

日本是世界第五大能源消费国，其石油、天然气、煤炭等各种能源依赖于进口。受外部各种不可预料的风险影响，其能源可靠持续供应受到威胁。为应对能源供应中断风险，JOGMEC 根据政府授权建立了石油和天然气储备，本书重点介绍日本的石油储备。

目前，日本的石油储备主要由三部分构成。一是国家石油储备，由日本政府直接管理。二是民间石油储备，通过有关法律强制民间石油企业保有一定规模的石油储备。三是产油国联合储备，也可称之为“第三方石油储备”。

1. 国家石油储备

1977 年，综合能源调查会石油部门分会组织了对日本的石油储备政策的讨论，并在其报告中指出：“考虑到对进口石油的依赖度高且大半的电力供应由石油火力提供的现状，90 天的石油储备水平是不充分的。”根据上述结论，日本需要提高石油储备的水平，但原有储备规模已经对民间石油企业造成了巨大的成本压力，如果进一步将民间石油储备规模提高到 90 天，势必会阻碍民间石油企业的正常经营，对整个石油产业乃至本国石油安全造成负面影响。因此，1978 年，日本政府着手建立了国家石油储备。

日本经济产业省下属的资源能源厅是日本国家石油储备的决策部门，负责储备政策制定、部门协调、判断收储动用时机、制定石油储备费用预算等。国家石油储备的相关建设管理由石油公团负责，该机构依据 1978 年实施的《石油公团法》设立，具有特殊法人性质，其前身是以促进石油资源开发、提供石油勘探资金支持为目的的石油开发公团。石油公团的主要职能是，购买石油和建设石油储存设施等关于石油储备的业务，为提高石油的储备发放关于购买石油的必要贷款及建设必要设施的贷款等。石油公团代表日本政府与国家石油储备公司签订《原油寄托契约》，并拥有国家石油储备公司 70% 的股份，储备基地的土地和储备石油的所有权归国家所有。国家石油储备公司负责石油储备基地的运营管理。

2001 年，日本废除了为调整需求供给关系对石油企业采取控制措施的《石油业法》，将《石油储备法》更名为《关于确保石油储备的法律》。伴随石油储备法的修改，加之 2000 年日本开始推行的行政改革，于 2002 年废除了《石油公团法》，制定了《独立行政法人①石油天然气和金属矿物资源机构法》。据此，石油公团的有关业务被重新定义和压缩，国家继承石油公团所有的储备石油和储备设施，石油公团进行的石油储备变为国家的直属业务。

2003 年 4 月，石油公团所有的国家储备石油被国家接管，并由独立行政法人石油天然气和金属矿物资源机构负责管理。JOGMEC 是日本矿产资源开发利用的核心管理机构，其核心作用是保障日本能源及矿产资源的稳定供应，具有信息收集、海外地质调查、技术开发、资金支持、资源储备和污染防治等职能，矿产资源储备是该机构的重要职能。JOGMEC 下设石油储备部，专门负责日本石油储备相关事务，包括储备石油的来源、所需购买资金、对储备石油的管理、对石油储备基地的管理和维护、如何获取保存及合理用度、石油储备技术革新等。

JOGMEC 的成立改变了之前日本政府直接管理国家石油储备的模式。根据法律授权，JOGMEC 在石油储备方面具有独立的管理权，政府只对其提出目标和要

---

①　所谓独立行政法人是指，对于从国民生活以及社会经济的安定等公共立场来看需要实施，而国家没有必要自己作为主体直接实施，但如果委托给民间主体可能无法保证其实施或者有必要使一个主体独占以保证其实施的事务和事业，为了有效且高效地实施该事务和事业，根据独立行政法人通则法和个别法的规定设立中期目标管理法人，国立研究开发法人或行政执行法人。该机构属于中期目标管理法人，即对于根据公共事务的特性，需要在发挥一定的自主性和自律性的同时，根据中期视点来执行的公共事务，国家根据对中期期间设定的达成业务运营目标的计划采取措施，为切实应对国民需要、提供多种多样且优质的服务以增进公共利益而设立的独立行政法人。

求并进行审查和监管，而不进行过多干预和约束。同时，JOGMEC 从国家储备公司中撤出了 70% 的股份，将原来的国家储备公司变为全部由民间出资的操作服务公司。这样一来，日本政府、JOGMEC、操作服务公司之间形成了一种“委托一代理”关系，即日本政府与 JOGMEC 签订“管理委托合同”将国家石油储备事务交由后者进行管理，JOGMEC 与操作服务公司签订“操作委托合同”将国家石油储备的储存管理等业务交由后者，进而形成了政企分开、分工明确、市场运作的管理机制。

目前，日本的国家石油储备由 8 家操作服务公司的 10 个基地进行储存保管，均匀分布在日本沿海各地。从储存方式上看，日本国家石油储备有地上储备、地下储备、地下岩洞储备、海上储备四种方式。地上储备方式具有建设成本低、技术要求不高的特点。地下储备方式具有漏油性低、节约土地、抗震性强等特点。地下岩洞储备方式不影响地表景观，具有较高的安全性。海上储备方式同样不需要占地，漏油性较低。各石油储备基地储备方式及储存能力见表 3－1。

表 3－1　日本石油储备基地基本情况

基地名称	储备方式	储存能力（万千升）
苫小牧东部石油储备基地	地上储备	640
睦小川原石油储备基地	地上储备	570
志不志石油储备基地	地上储备	500
福井石油储备基地	地上储备	340
秋天石油储备基地	地下储备	450
久慈石油储备基地	地下岩洞储备	175
川木野石油储备基地	地下岩洞储备	175
菊间石油储备基地	地下岩洞储备	150
白岛石油储备基地	海上储备	560
上五岛石油储备基地	海上储备	440

资料来源：根据 JOGMEC 官方网站整理。

截至 2017 年 3 月，日本国家石油储备总规模为 4713 万千升，相当于同期日本 126 天的国内消费量。

2. 民间石油储备

日本在开始储备石油之初，主要采用了民间储备方式。20 世纪 60 年代至 70 年代，OPEC 推行了资源国有化政策，欧美国家开始强化石油储备，加之 OECD 发布的加强石油储备劝告，日本从 1972 年开始以行政指导的方式实施“60 天石油储备量计划”。1973 年，第四次中东战争引发的第一次石油危机，使该计划受到影响而推迟完成，直到 1975 年 3 月末上述计划的预期目标得以达成。1976 年实施的《石油储备法》规定，国家不直接储备石油，而由民间石油企业承担储备石油的义务，并根据 1974 年制定的“90 天石油储备量计划”履行石油储备的法律义务。但是，当时民间石油企业的一般运转储存量为 45 天，90 天的石油储备量大大超过其一般石油储存量，给企业带来巨大成本压力。为此，政府对民间石油企业提供了各种优惠政策。例如，日本政府对民间石油企业购买储备石油和建设储备设施所需资金给予低息贷款。

1981 年 3 月末，民间石油企业的“90 天石油储备量计划”得到实现。由于日本政府自 1978 年开始着手建立国家石油储备，石油储备保障能力大大提高，因此可以适当降低民间储备规模，并于 1993 年将民间石油储备目标调整为 70 天。

目前，日本在本国建立了 18 个民间石油储备基地：西北部的冲绳岛有 3 个石油基地，总储备量为 473 万千升。北海道储备基地 295 万千升。中部有 9 个储备基地，总储备量为 467 万千升。南部有 5 个储备基地，总储备量为 56 万千升。西部石油株式会社的山口基地 119 万千升。截至 2017 年 3 月，日本民间石油储备总规模为 2910 万千升，相当于同期国内 78 天的消费量。

3. “第三方石油储备”

20 世纪 80 年代至 21 世纪初，中国、巴西等新兴经济体快速崛起，石油等重要资源能源消费规模大幅增加，价格突飞猛进，各国对重要能源资源的争夺日趋激烈。加之资源民族主义日益高涨，伊朗、阿联酋、沙特等产油国相继制定和调整相关法律限制石油进口国对本国石油的勘探和开采，对进口严重依赖的各个国家的能源资源供给安全形成巨大挑战。为应对上述情况，确保日本石油稳定供应，2007 年日本首相安倍晋三对沙特阿拉伯、阿联酋、科威特、卡塔尔和埃及中东五国进行访问，并在沙特提议构建“石油共同储备构想”，也称为“第三方储备”①。

所谓“第三方储备”，是指日本与产油国共同储备，即日本政府向产油国的国有石油公司提供资金和场地作为其在日本的储存基地，产油国的国有石油公司需要保证储存基地至少随时保有一半规模的石油，日本在紧急情况下对储存基地的石油拥有优先购买和提取权。

2009 年日本与阿联酋达成协议，由阿布扎比国家石油公司在位于日本西南鹿儿岛市喜入石油基地储存石油。2010 年日本和沙特签署协议，由沙特阿美石油公司在位于冲绳的油库储存石油。据路透社的统计，截至 2017 年 4 月，沙特阿美石油公司和阿布扎比国家石油公司在日本的石油储存量达到 1050 万桶，约占日本向该公司所提供储存空间的 83.5%。目前，日本已将沙特阿美石油公司和阿布扎比国家石油公司的存储交易延长至 2019 年 12 月底②。截至 2016 年底，产油国联合储备 130 万千升，相当于同期日本国内 4 天的消费量。

第四节　俄罗斯储备发展情况

俄罗斯物资储备制度起源于700 年前的沙皇时代。15 世纪中后期，王宫伊凡雷帝统一俄罗斯，设置了专门负责物资储备的官员并颁布专门法律。1834 年，沙皇尼古拉一世颁布命令建立国家粮食储备并一直持续到俄国“十月革命”前夕。1929 年，斯大林下令建立苏联中央储备委员会，并逐步建立和完善储备体系。这一体系对苏联能够反败为胜，为赢得“二战”胜利发挥了巨大作用。苏联解体后，俄罗斯联邦保留了国家物资储备制度，并于 1994 年通过《俄罗斯联邦物资储备法》，明确规定了国家物资储备的概念、主体、功能、构成、地位和作用，并对国家物资储备的收储、储存、动用、轮换等内容进行了法律规范，同时对国家物资储备的管理、资金保障、安全保密等进行了明确规定。

---

① 裴军. 日本向沙特提出“石油共同储备构想”［N］. 中国青年报，2007－04－30.

② 佚名. 沙特、阿联酋在日本储存原油超一千万桶［EB/OL］. http：//www. mof－com. gov. cn/article/i/jyjl/k/201707/20170702608333. shtml，2017－07－12.

俄罗斯联邦国家物资储备的主要功能是保证国防安全、稳定国内市场、消除紧急状态后果、提供国际人道援助等。从物资的用途可分为三大类，分别是：国防军事物资，主要用于应对战争；战略物资，用于保障国民经济和社会发展中重要物资需要，如重要金属、能源等；应急物资，用于防灾减灾等。

一、俄罗斯物资储备的管理体系

俄罗斯高度重视物资储备，建立了统一的物资储备体系，从联邦政府到地方都有比较健全的管理体系。总的来看，俄罗斯国家物资储备体系包括三个层次，即联邦政府物资储备、地方政府物资储备、企业和相关机构物资储备。

俄罗斯联邦物资储备采用俄罗斯联邦物资储备署（以下简称储备署），大区分局，储备仓库三级管理模式。

储备署统管联邦物资储备各项工作，该机构由国家经济发展与贸易部管理，但又保持相对独立，其设立、改组、撤销均由廉政政府决定，署长由联邦政府任命，级别低于部长但高于副部长。由于涉及国家秘密，联邦政府规定任何联邦主体、联邦政府部门均无权干涉储备署工作。

储备署内设 10 个管理局，分别是行政事务局、国防和工业用品局、财政预算和内审局、食品和面包产品局、紧急情况救助局、燃料和石油产品局、法律法规局、信息安全局、基础建设局、国防和民用调动局。另外还设有研究所、信息中心和培训学院等机构。储备署在全国七个大区设立储备物资管理局，每个大区管理 10 ~ 15 座仓库。整个联邦储备署工作人员 1.5 万 ~2 万人。

储备仓库由联邦政府投资建设，用于存放储备物资，有专门的守卫力量和消防队伍负责储备仓库的安全。

二、储备物资的运作管理

1. 储备物资采购

2005 年俄罗斯出台的第 91 号法律，规定了国家储备物资采购订单分配办法，储备物资从本国购买，通过招标方式选择供货商。由于涉及国家秘密，招标方式采用邀请招标，不在网上公布，受邀方通常是规模较大、信誉较好的企业。联邦政府对取得采购订单的企业给予税收减免。当储备物资的生产企业市场占有率在

70%以上，该企业无权拒绝储备署的订货要求，如该企业拒绝签订供货合同，储备署可向法院起诉强制执行。

采购过程中采购部门对采购物资质量进行严格把关，必须符合国家标准。联邦储备署下设科研机构和专门的实验室，对所采购物资具有一票否决权，凡是提供劣质产品作为物资储备的行为视为犯罪行为并追究法律责任。

2. 储备物资的储存保管

储备物资的储存保管方式包括自储和代储两种。一般而言，联邦政府要求储备物资尽可能优先由储备署下辖的储备仓库自行储存保管，石油、应对紧急状态的储备物资必须由储备仓库自储，并规定储备仓库不允许用于其他商业目的。储备物资也可委托有一定资质的其他社会仓库进行代储。储备署与委托储存储备物资的仓库签订委托协议，并出资维护储存储备物资的设备设施，受委托仓库负责储备物资的完整性和安全性，并保证随时调用。储备署要求弹药等具有特殊储存要求的储备物资由符合相关资质要求的特种仓库专库储存。

3. 储备物资的动用

俄罗斯联邦物资储备法对储备物资动用的条件、方式和程序做了详细的规定。其中，在以下几种情况下可以动用国家物资储备：

（1）轮换更新。储备物资轮换更新与否由联邦储备管理部门决定。

（2）临时性借用。国有大型企业可临时借用储备物资，借用的储备物资种类、借用对象、借用期限以及偿还期限由联邦政府决定。按照借用程序动用国家物资储备时，收货方（借用人）应出具返还国家物资储备的保证书。联邦储备署有权决定除不可降低储备外的储备物资，借用期限不超过6个月、数量不超过本年初国家物资储备总额的20%。联邦储备署与借用方签订借用协议，明确借用期限、返还方式、结算方式等事宜。借用方临时借用储备物资需支付一定费用，费用比例由联邦储备署决定，但最高不得超过联邦银行贴现率。借用储备物资所获得的收益上交国家。

（3）取消保留或失效。取消保留或失效由俄罗斯联邦储备管理部门决定，被取消保留的国家物资储备动用前仍作为俄罗斯联邦国库的财产。

（4）为消除紧急情况后果。为消除紧急情况的不良影响，负责协调消除紧急情况后果工作的相关部门或联邦主体行政机关可向联邦政府申请动用物资储备，联邦政府根据实际情况决定是否动用储备。应对紧急状态的储备物资主要是粮食、食品（面包）、燃料、药品以及防止设施免受灾害影响的设备等。

（5）提供人道援助。向其他国家和地区提供国际人道主义援助是俄罗斯建立物资储备的一项功能。近年来，俄罗斯曾向美国、印度、泰国、印度尼西亚等国家提供储备物资人道主义援助。

（6）调控市场。当国内市场上的重要原料、能源及粮食供求失衡时，联邦政府可动用物资储备向各经济领域、机构、俄罗斯联邦主体提供支持，用于稳定经济。

（7）保障俄罗斯联邦的动员需要。为保障俄罗斯联邦动员需要而动用国家物资储备，应依据俄罗斯联邦政府文件进行。

上述情况中，更新、轮换及取消保留国家物资储备时，对于市场上不流通的及以现有形式无法销售的物资，应依据俄罗斯联邦政府文件进行销毁或有效利用。销售国家物资储备的程序由俄罗斯联邦政府规定。

第五节 国际能源署石油储备机制

除了国家建立的储备外，还有一类由各国通过一定机制建立的联合储备，这种联合储备对于共同的国家利益集团保证重要能源资源可靠供应具有重要作用。下面本书着重对国际能源署石油储备机制进行介绍。

国际能源署是一个与经济合作组织（OECD）相联系的机构，由28个国家组成。国际能源署成员国致力于采取联合措施应对石油供应紧急状况。各成员国共享能源信息、协调能源政策、合作开发合理的能源规划。根据《国际能源规划协定》，国际能源署的目标是：维护和改进旨在应对石油供应中断问题合作机制；通过与非成员国、工业组织和国际组织建立合作关系，在全球背景下倡导合理的能源政策；运行维护国际石油市场信息系统；通过发展替代能源和提高能源的使用效率，改善全球能源供需结构；倡导能源技术的国际合作；帮助实现环保政策和能源政策的整合①。

一、国际能源署石油储备的设立依据及响应措施

1. 国际能源署石油储备机制的设立依据

国际能源署石油储备机制主要根据1974年《国际能源规划协定》进行设置。该协定要求国际能源署成员国持有的石油库存不少于本国90天石油净进口量，当出现重大石油供应中断时，成员国集体采取应急响应措施应对风险，包括灵活运用石油储备库存、抑制需求、转用其他燃料、增加国内生产或分享可用的石油等措施。需要指出的是，应急石油储备并非是为了应对价格波动而设立的，而是为了应对短期石油供应中断而设立的。这是因为，价格的攀升可能是由其他因素引起的，况且响应行动的目标是弥补实际的石油短缺现象，而不是对价格波动做出反应。当市场机制暂时失效而导致石油市场短期供应中断时，石油储备为恢复市场正常秩序提供支持。

2. 国际能源署对石油供应中断的响应措施

面对实际发生或可能发生严重的石油供应中断问题，国际能源署能源市场与能源安全理事会将负责评估其对市场的影响和对国际能源署协调响应的潜在需求。评估内容包括：根据生产国政府的协商情况，估算出石油生产商可以迅速投入市场的额外产量。国际能源署干事将根据以上评估报告与国际能源署理事会（GB）展开磋商并向后者提出建议。国际能源署理事会由来自成员国的高级能源官员组成，负责确定国际能源署的重大政策决策。如有必要，确定是否有必要采取国际能源署协调行动的这一磋商过程可以在24小时完成。一旦对协调行动达成一致意见，每个成员国都将根据本国情况将石油投入市场。各个成员国在总体响应行动中所占的份额一般根据国际能源署成员国在成员国总消费量中所占的份额确定。在以上决策过程和决定落实过程中，行业专家会通过国际能源署的行业顾问委员会提供关于石油供应/需求及应急响应问题的意见和建议。

二、国际能源署成员国应急协调行动的响应措施

国际能源署成员国应急协调行动的响应措施可分为两大类：一种是增加供

① 陈家勤．中国能源供应安全的战略选择［J］．时代经贸，2008（4）．

应，另一种是减少需求。成员国政府可以根据情况选择不同的方案。

增加供应包括两个方面：其一是动用应急石油储备，其二是突增生产。动用应急石油储备是国际能源署行动的一个重要方面。成员国维持的总体石油库存水平必须相当于至少是前一年 90 天的石油净进口量。这种石油库存可以通过三种方式实现：工业储备（Industry Stocks）、公共储备（Public Stocks，包括政府储备和机构储备）、工业储备和公共储备相结合。公共储备和工业储备各有所长。公共储备可在石油供应中断时，通过投标和借贷提供的方式，将额外的石油投入到供应链中，是市场的重要影响因素。工业储备是石油行业为履行最低库存持有义务而已经处于供应链中的库存，需要时可以通过临时减少库存持有义务实现工业储备迅速投入市场。不同国家根据本国情况选择不同的储备方式，具体见表 3－2。突增生产是成员国在供应中断期间救助市场的补充措施，但突增生产能力有限，使得这种响应措施可行性较小。

表 3－2　国际能源署成员国石油储备方式

工业储备	机构储备	政府储备	机构储备/政府储备	政府储备/工业储备
希腊	德国	捷克	奥地利	日本
意大利	匈牙利	新西兰	比利时	韩国
卢森堡大公国	爱尔兰	斯洛伐克	丹麦	波兰
挪威		美国	芬兰	
瑞典			法国	
土耳其			荷兰	
英国			葡萄牙	
澳大利亚			西班牙	
加拿大			瑞士	

减少需求也包括两个方面：其一是抑制需求，其二是燃料替代。抑制需求方案包括危机中实施的通过在短期内减少消费的方式缓解供应压力的临时性措施。根据抑制需求的态度强硬与否，可将抑制需求分为易行的政策、温和的政策和严厉的政策。例如，劝导公众进行生态驾驶、合伙用车就属于一种易行的政策。燃料替代是指危机发生时用其他能源临时替代石油，但由于发电或运输时用其他燃

料做替代的能力日益降低，这种措施的可行性也很小。如图 3 –3 所示。

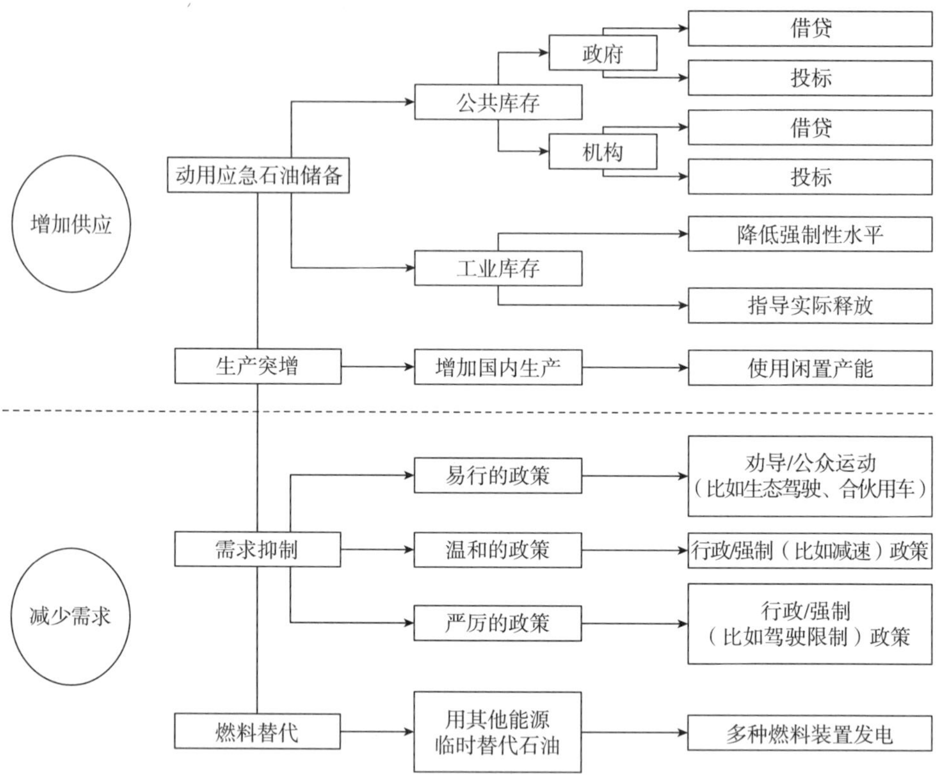

图 3 –3　IEA 石油储备响应措施

三、国际能源署成员国的储备能力

截至 2008 年 7 月底，国际能源署成员国的石油库存总量共计 40 亿桶，相当于近 150 天的净进口量，如图 3 –4 所示。其中各库存管理机构持有或成员国政府直接拥有的公共储备达 15 亿桶，约占总储备量的 37%。而在 1984 年，这一比例仅为 24%。为履行政府的库存义务而持有的库存和出于商业目的而持有的工业储备达 25 亿桶。

公共储备和工业储备都可以在国际能源署的协调行动中发挥作用，但仅国际能源署成员国的公共储备具备长期供应大量石油的潜力。例如，按每天 200 万桶的消耗速度计算，单公共储备就能维持 24 个月。因此，国际能源署对公共储备和

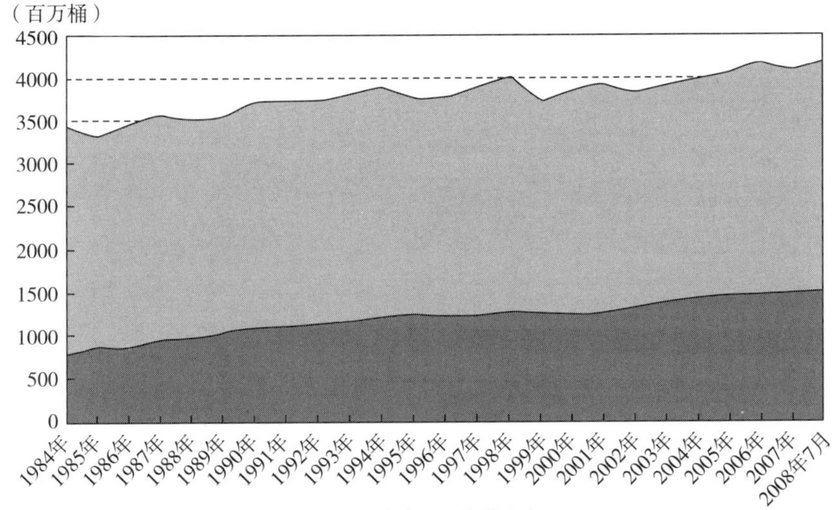

图 3－4 IEA 历年石油储备量

强制性工业储备的应急石油储备的动用，无论在规模上还是在可持续时间上都足以应付迄今为止所有经历的历史最大的供应中断。如图 3－5 所示，历史上最大的石油供应中断事件发生在 1978 年 11 月至 1979 年 4 月的伊朗革命，按峰值供应总损失达 560 万桶/天计算，其现有公共储备量也能保证近 9 个月的石油供应。

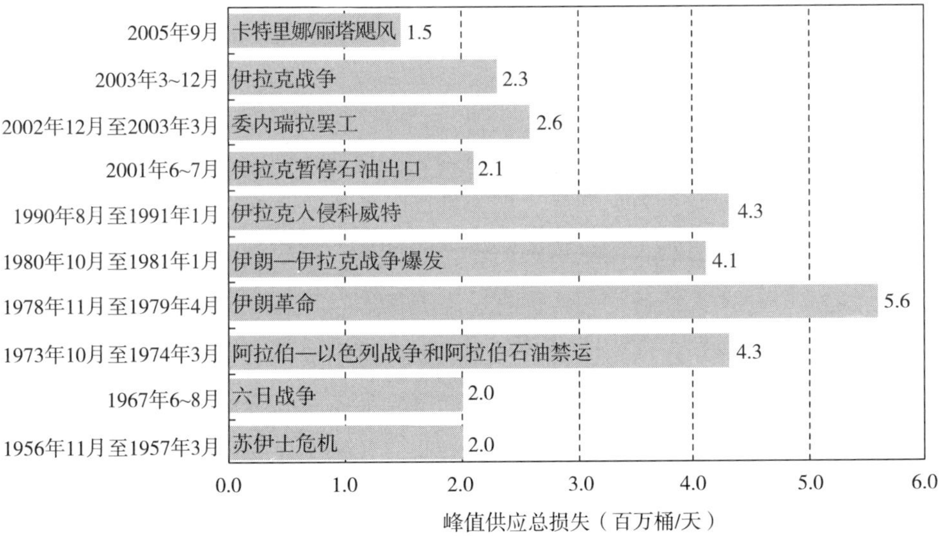

图 3－5 历史上发生的石油危机及其损失

四、国际能源署石油应急储备机制发挥作用的实例

自国际能源署创建以来，通过协调行动将额外的石油储备投放到市场，其在两个重大事件发生后发挥了作用：为应对1991年的海湾战争和2005年墨西哥湾的飓风而采取的措施。我们以2005年9月国际能源署响应卡特里娜飓风的行动为例进行简要说明。

2005年9月2日，26个国际能源署成员国一致同意通过一系列应急响应措施，将相当于6000万桶的石油投放到市场，这些措施包括使用应急储备、增加国内能源生产和需求抑制。在投放的石油储备中，公共储备动用量为2900万桶，占总投放量的48%，工业储备2300万桶，占总投放量的39%。另外，通过增加原油产量和需求抑制实现的储备投放量分别占总投放量的11%和2%。在动用的公共储备和工业储备中，有差不多一半的石油为成品油。国际能源署的集体行动，通过提供现货缓解石油供应的紧张，弥补石油供应的中断，从而成功地增强了市场职能。

第六节　国外储备发展的启示

一、储备与立法

依法治国，是实现国家治理体系和治理能力现代化的必然要求。党的十八届四中全会把依法治国确定为党领导人民治理国家的基本方略，党和国家的各项事业和各项工作必须全面纳入依法治国的轨道。同样，国家储备的发展离不开法律的支撑。建立健全国家储备相关法律有助于明确国家储备在国民经济和社会发展中的功能作用，从而划定国家储备的行为边界；有助于规范国家储备的管理体制和运行机制，明确相关部门权责，进而提高国家储备运行效率。我国在储备立法方面起步较晚，储备法律体系尚不健全。认真对比和总结美国、日本、俄罗斯等国在储备立法方面的经验教训，对加快我国储备法制化步伐大有裨益。

第一，加快出台国家储备基本法，为建立统一的国家物资储备体系奠定法律基

础。我国法律中涉及国家储备的法律文件较多，但缺少一部具有储备基本法性质的法律。在我国的法律法规中，《中华人民共和国价格法》《中华人民共和国国防法》《中华人民共和国国防动员法》《中华人民共和国应对突发事件法》《中华人民共和国国家安全法》等法律中都明确规定了建立物资储备制度，但并没有一部法律响应物资储备制度到底怎么建。目前已有的《中央储备粮管理条例》《国家物资储备管理规定》等制度法规则主要从原有储备部门的角度做出规定，显然无法统领国家储备制度。2018 年 3 月，党的十九届三中全会审议通过党和国家机构改革方案，提出建立统一的国家物资储备体系，这使得国家储备基本法显得更加必要和迫切。相对而言，无论是美国的《战略和紧急物资储备法》，还是俄罗斯的《国家物资储备》，都从整体上统领本国的储备制度，明确了各自储备的工作框架。

第二，明确储备行为边界，细化相关法律规定，使各种储备行为有法可依。我国现有涉及储备的大部分法律文件是将储备作为附带性的立法内容，原则性强，针对性和可操作性不够。相对而言，国外储备法律规定较为详细，对相关部门职责、收储和处置、资金渠道和使用等内容都有明确界定。例如，美国《战略和紧急物资储备法》对总统关于储备物资的处置权做出了六条详细规定，分别是：①按照第 3（a）节的规定决定哪些物资可以作为战略和紧急物资进行收购；②对物资储备的保存方法、安保工作和维护保养等进行合理化建议；③对物资储备的升级、提炼和处理进行合理化建议，在必要时把这些物资转换成更合适的保存方式、处理方式以备在国家紧急情况下随时可用；④为了防止储备中的任何物质腐坏或者因为技术陈旧而被淘汰，可以建议储备大体相似或者更好的物资来代替这些旧的；⑤受（d）（2）分节要求的注意事项的制约，可以对超过储备需求的物资或者因为腐坏容易造成政府经济损失的物资进行适时的处理；⑥受第 5（b）节条款的制约，只能对法律授权的专门物资进行处理。这样一来，总统在进行决策时的行为边界就非常明确。我国储备法律可以借鉴这种做法，对相关内容做出更加明确具体的规定，从而提高储备运作的规范性。

二、储备与市场

国家储备本身是一种政府行为，通过“有形之手”实现特定的政策目标。我国的国家储备脱胎于计划经济，带有较强的行政管理色彩，并形成了较强的政策惯性，但随着中国特色社会主义市场经济体制的确立和逐步完善，如何处理国家储备与市场这一“无形之手”的关系成为各储备部门无法回避的问题。党的十八届三中全会通过了《中共中央关于全面深化改革若干重大问题的决定》，明确了市场在资源配置中的决定性作用。对国家储备而言，就是要更多地引入市场的理念和方法来做好储备工作。在这方面，美国、日本等市场经济国家的很多经验值得我们借鉴。

第一，不同市场主体参与储备。如前所述，储备可分为国家储备和民间储备，无论国家储备还是民间储备其基本功能是一致的，都是防范风险，区别在于实施储备的主体不同，前者是政府，后者则是企业、个人或家庭。从国外储备实践来看，日本、德国等国更多地采取了民间储备为主的储备模式并取得了较好效果。以日本为例，1972 年日本就提出并建立了民间石油储备，而直到 1978 年日本的国家石油储备才得以建立。2002 年日本对其储备管理体制进行改革，不再持有石油储备基地 70% 的股份，石油储备基地也因此变成了完全的市场主体。另外，俄罗斯联邦物资储备也委托具有一定资质的企业承担储备储存保管工作。需要强调的，引入市场主体参与储备的同时，需要有效发挥政府在规划引导和监督管理方面的作用，从而确保储备这一公共服务被有效提供。

第二，妥善处理储备与市场的关系。国家储备是一种宏观调控手段，而宏观调控与市场都是资源配置的方式。正如经济学所阐释的，市场的自发调节具有盲目性和滞后性等弊端，并因此导致市场失灵，对国民经济和社会发展造成冲击。相反，储备是一种有目的、有计划的国家行为，具有主动性和预见性，能够有效避免战争、重大自然灾害等突发公共事件发生时出现的市场失灵。这也是为何美国、日本等市场经济发达国家依然保留庞大规模储备的重要原因之一。同时，必须强调的是，同等条件下优先采用市场手段。例如，美国在应对战略和紧急物资短缺时采取相关措施的优先顺序是物资替代、加大进口和限制出口、经济动员、储备。在运用储备时，美国政府会尽可能降低储备操作对市场的负面影响，并专门成立了市场影响委员会（Market Impact Committee）对相关交易在国内外市场上的影响进行评估，这些做法都非常值得我们借鉴。

第四章　我国储备发展现状

第一节　我国储备发展历史脉络

我国储备古已有之。早在西汉时期，桑弘羊就提出了平准制并设立专门的执行机构。在之后的西汉宣帝时期，耿寿昌提出“常平仓”，“以谷贱时增其价而籴，以利农谷，贵时减其价而粜，以赡贫民”。平准制和常平仓为之后的历朝所沿用，到明清时期已日臻完善，形成了一套完整的储备制度。

中华人民共和国成立之初，我国饱受战争之苦，百废待兴，各种物资十分匮乏。1950 年政务院财政经济委员会成立全国仓库物资清理调配委员会，组织开展全国库存物资清理和调配，将清理和接收的物资转入储备。中央领导同志对建立和发展物资储备十分重视，毛泽东、周恩来都曾做过有关指示。根据中央领导同志的指示精神，1951 年政务院财政委员会和财政部根据我国经济建设、国防建设的需要，借鉴苏联建立战略物资储备制度的做法，提出建立国家物资储备的建议。1952 年 3 月，政务院财政经济委员会决定建立国家物资储备，并从国家预算拨款专项收储物资，以备战争、灾荒和国民经济重大比例失调使用。

1953 年改组机构，中央人民政府政务院将原中央财政部所辖物资管理总局改为“国家物资储备局”，作为政务院的一个独立局，划归中央财委直接领导。原各大区物资管理局改为国家物资储备局，设在各大区的分局，包括东北、西北、中南、西南、华东五个分局，各分局受国家物资储备局和大区财政经济委员会或计划委员会双重领导。另外，还有 40 个从日伪和国民党政府接管的仓库。

中华人民共和国成立后，我国粮食生产逐步恢复，但供求关系仍然紧张。为了应付灾荒等各种意外，中央政府在全国范围内实行粮食统购统销政策，并逐步建立国家粮食储备制度。1954 年 10 月，中共中央在《关于粮食征购工作的指示》中，提出了“为了应付救荒救灾和各种意外，国家必须储备一定数量的粮食”①。1955 年，国家开始建立专门的备荒储备，也称为“甲字粮”。1962 年，中苏关系彻底破裂后，根据当时的政治和军事形势，国务院和中央军委决定再建立一批以备战为目的的战略储备粮，储备规模按 50 万军队够吃 6 个月确定，因此也称为“506 粮”。至此，国家用于备战备荒为目的的中央粮食储备制度形成。此外，1963 年又建立了农村集体储备，并在 1965 年制度化。计划经济条件下的国家粮食储备的框架基本形成，并一直维持到 1990 年。

1963 年，成立了军委交通战备规划小组，负责管理国防交通物资储备。国防交通物资储备是国家战略储备的重要组成部分，是保障战时和应急情况下交通畅通的重要物资基础。国防交通物资储备布局是依据作战意图和担负的保障任务而设置的，20 世纪六七十年代，国家的战略重点是“三北”地区，交通重点目标分布在“三北”地区的交通网络上，国防交通物资储备布局也趋向于“三北”地区②。

20 世纪 60 年代中后期，为适应当时生产建设的需要，国家物资储备的管理体制开始发生变化，在储备管理体制方面提出了“统一规划，分工管理”的原则。对那些通用性强、需要量大、适宜长期储存的物资，由储备局负责。对专用性强、技术性强、保管要求高、需要经常轮换更新以及数量零星的物资，由各有关部门负责储备，如 1966 年国防工业部门根据中央领导批示精神同意代储八种物资，这种改变对形成现阶段的储备格局有着重大影响。

20 世纪 60 年代也是国家棉花储备建立和储备发展阶段，棉花储备的建立主要是在当时资源严重匮乏的情况下，保障战争需要和保障人民生产生活而进行的

---

① 马苏．我国粮食储备制度：问题与完善［D］．中南民族大学，2010.

② 王亚明，陈伟特．加强新时期国防交通物资储备建设的思考［J］．国防交通工程与技术，2013（5）．

储备，同时也为防止由于战争和灾荒而导致的棉花供应不足。从 20 世纪 60 年代起，为了备战备荒，调节丰歉，保证军需民用，国务院决定建设一批棉花储备库，有计划、有步骤地储备一部分棉花。按照中共中央提出的“靠山、分散、隐蔽、机动”原则，1965 年以后，在湖北、湖南、山西、陕西、四川、辽宁及河北等地建立了 92 个储备棉库，储存能力达 75 万吨。从 1966 年开始，国家委托中华全国供销合作总社负责储备库的建设和储备棉的管理[①]。从 20 世纪 50 年代初到 20 世纪 90 年代中后期，我国棉花流通领域一直沿用计划经济体制下的管理模式。在这种棉花统购统销与合同订购体制下，棉花储备计划是国家整个棉花产销平衡计划的一个组成部分，完全由国家掌握和控制[②]。

为保证灾情、疫情及突发事故发生后对药品和医疗器械的紧急需要，我国于 20 世纪 70 年代初建立了国家医药储备制度。当时为适应战备需要，国家拨出 2 亿多元专款，在全国修建了 13 个药品储备库，创建了我国的药品储备制度。其后，药品储备的作用由单纯的战备逐步扩大到战备、外援、救灾、防疫和应对突发事故[③]。1976 年唐山大地震救灾和 1992 年安徽重大水灾救援中，国家医药储备都发挥了巨大作用。

我国的中央储备肉制度是 20 世纪 70 年代初开始建立的。当时，国家对生猪市场的调控是靠一系列的指令性计划，主要作用是预防局部灾害或特殊需要以及京、津、沪三大城市的供应，数量较少，只有 2 万 ~ 3 万吨。针对我国幅员辽阔、自然灾害频繁的实际问题，20 世纪 80 年代中期国务院决定开始改革和完善储备肉制度，1986 年国务院研究确定了中央储备肉规模，中央储备肉制度逐步成为实施宏观调控的重要手段。1987 年 2 月，《国务院办公厅转发商业部、财政部、国家物价局关于生猪产销情况和安排意见的通知》明确规定，“商业部冻猪肉的储备可根据当地生猪生产和市场肉食供应状况，在生猪上市旺季适当储备一些”。中央和地方两级肉类储备制度自此正式建立[④]。

计划经济向市场经济转轨时期，在计划经济时期建立的粮食储备、棉花储

① 邱军平．国家棉花储备宏观调控研究［D］．清华大学公共管理学院，2005.

② 张青．国家商品储备：安全与稳定［M］．北京：经济科学出版社，2007.

③ 崔湲．完善我国国家医药储备制度研究［J］．经济研究参考，2014，（61）．

④ 郑洁．中央储备肉制度的发展及其重要作用［J］．全国商情（理论研究），2010.

备、食糖储备、战略物资储备等也不断完善自身的管理体制，改革相应的储备制度。例如，20 世纪 90 年代，为解决农民卖粮难，保护农民种粮积极性，以及进一步深化粮食流通体制改革，1990 年 9 月，国务院颁布了《关于建设国家专项粮食储备制度的决定》，建立了专项粮食储备，并因此成立了国家粮食储备局，负责粮食储备的运行管理。粮食专项储备制度的建立，标志着我国粮食储备制度进入了一个新的阶段。又如，1991 年，国务院决定改革食糖购销体制，逐步放开食糖购销价格和食糖市场，改革和完善国家食糖储备制度。1991 年 2 月，国务院发布《关于加强食糖流通管理和安排储备糖的通知》，建立国家储备糖制度。同年 11 月，国务院再次明确，“为了以丰补歉，增强市场调控能力，建立中央、地方两级食糖储备制度”。国家食糖储备制度在我国计划经济向市场经济的转轨过程中，为繁荣和稳定食糖市场发挥了积极作用。

羊毛储备、边销茶储备与少数民族的生活息息相关，对于少数促进民族地区畜牧业的发展和市场稳定起到了积极作用，同时也增进了民族团结。

为解决牧民“卖毛难”问题，国家从 1990 年起对 11 个羊毛主生产省份的部分羊毛库存，实行国家财政贴息存储。此后这项政策一直延续，贴息方式是由中央财政全额贴息改为中央和地方政府各负担一半。羊毛实行国家财政贴息由供销社的承储企业储存，国家不承担存储费用。

1991 年，我国建立国家边销茶储备。边销茶作为一种民族特需商品，政治意义重大，政策性很强。党中央、国务院对保障边销茶的供应向来十分重视，长期把边销茶列为指令性计划商品管理，一直对其实行“定点生产，计划调拨，归口经营，保障供应”的政策。2002 年国家计委、财政部发布《边销茶国家储备管理办法》，对边销茶的储备方式和管理方法作出明文规定。

1998 年，《国务院关于深化化肥流通体制改革的通知》提出建立中央救灾化肥储备。中央救灾化肥储备是采用结合企业周转库存的企业储备形式，由中国农业生产资料集团公司负责经营。储备资金由中国农业银行安排，每年给予半年的贴息，由中央财政和使用救灾化肥的地方财政各负担一半。

救灾物资储备的出现与发展是渐进式的，它与经济和社会的发展程度密切相关。1998 年 1 月发生的河北省张北地震进一步推动了救灾物资储备工作制度的正式建立；同年 7 月，民政部、财政部下发了《关于建立中央级救灾物资储备制度的通知》，根据我国区域灾害特征和开展减灾救灾工作的需要，在沈阳、天津、郑州、武汉、长沙、广州、成都、西安等地通过代储方式设立了八个中央级救灾物资储备仓库，并确定每年采购储备一定数量的救灾帐篷。这标志着我国中央级救灾物资储备制度的初步建立。目前中央级救灾物资储备仓库已经扩充到13座。

进入21世纪，是社会主义市场经济体制的完善阶段，2002年召开的中共十六大，提出“本世纪头二十年改革的主要任务是完善社会主义市场经济体制”。随着我国经济体制市场化改革步伐的不断加快，市场机制在资源配置中的基础性作用越来越强，原有计划经济体制下的生产、储运与物资调配体系已经不复存在，取而代之的是价格体制、流通体制的全面市场化改革。

2000年中共中央、国务院根据深化粮食流通体制改革的要求，撤销原国家粮食储备局，组建了国家粮食局，承担中央储备粮行政管理责任，2000年1月，国务院决定组建中国储备粮管理总公司，对中央储备粮经营管理体系的人、财、物实行垂直管理。

2001年，为了将储备棉经营管理与企业经营行为彻底分开，提高储备调控效率，国务院提出组建专门的棉花储备公司，独立承担国家储备棉的经营管理和中央直属棉花储备库建设与管理任务，负责落实国家宏观调控措施。2003年3月28日，由国务院批准成立了中国储备棉管理总公司（简称中储棉公司），将国家储备棉与棉花经营彻底脱离，主要目的则是减少国家储备棉对市场的干预。

20世纪90年代中后期，我国石油消费规模进一步扩大，石油进口量不断增加，石油对外依存度不断提高。随着全球化和经济一体化的深入发展，国际石油市场的波动对国内石油市场的影响越来越大，在我国石油进口量不断增加的背景下，我国石油供应安全问题和石油交易风险将日益突出，石油储备问题逐渐进入人们的视野并越来越受到政府及社会各界的重视。为了应对突发事件，防范石油供给风险，保持国内石油市场稳定。2003年5月，国家发改委石油储备办公室正式运作，标志着我国石油战略储备工作正式启动。2007年12月，国家石油储备中心成立，作为我国战略石油储备的执行层，负责国家石油储备基地建设和管理，承担战略石油储备收储、轮换和动用任务，监测国内外石油市场供求变化。据国家统计局公布数据，到2016年初，我国建成舟山、镇海、大连、黄岛、独山子、兰州、天津及黄岛八个国家石油储备基地，利用上述储备库及部分社会企业库容，储备原油3197万吨。

随着我国国家治理体系的日益完善，党中央、国务院对公共安全问题越发关注。2005年，国务院做出实施《国家突发事件总体应急预案》的决定，国务院有关部门和地方政府在开展应急管理体系建设方面正取得积极进展。在国家应急管理体系中，国家储备是提高应对公共突发事件能力的重要基础和保障。我国煤炭应急储备正是在这样一个背景下酝酿产生的。2008年1月中旬我国发生大面积冰冻雨雪灾害，全国因缺煤停机达4200万千瓦，当时全国电煤、供热和煤炭均大范围地告急。我国政府在动员力量解决这次煤炭危机的同时，也在着手研究建立电煤供应的长效机制，其中一项措施是建立政府层面的煤炭应急储备。2011年1月9日，国家发改委组织召开电煤供应协调会时，国家发改委高层提出，要研究建立煤炭应急储备机制，原则上煤炭调入省都应建立煤炭应急储备基地。这是国家发改委首次明确提出建立煤炭应急储备基地的计划。2011年第一批国家煤炭应急储备计划为500万吨①。

除了加强应对突发公共事件，国家储备还在调节供需关系、保证市场稳定运行、加强矿产资源行业管理等方面做出了有益探索。2011年5月，国务院印发了《关于促进稀土行业持续健康发展的若干意见》，提出建立稀土战略储备体系。此前，稀土行业存在过度开采、出口秩序混乱、稀土资源价格扭曲低估等问题。为解决这些问题，上述文件多措并举，首次明确将战略储备纳入行业管理的政策措施，也是我国储备参与宏观调控的重要体现和有益探索。从稀土战略储备近年的运作情况看，其在平衡市场供需关系、维护稀土市场合理价格区间方面发挥了积极作用。

近年来，党中央、国务院对国家储备的改革发展提出了新的要求。《中华人民共和国国民经济和社会发展第十三个五年规划纲要》（以下简称“十三五规划纲要”）指出，要“提高能源、矿产资源、水资源、粮食、生态环境、安全生产、网络等方面风险防控能力”，并进一步提出“健全国家战略物资储备，构建产品产能产地储备相结合的国家战略资源能源储备体系”。2018年，党的十九届三中全会胜利召开并审议通过《中共中央关于深化党和国家机构改革的决定》

① 杨威．解密国家煤炭应急储备［J］．中国经济和信息化，2011（4）．

和《深化党和国家机构改革方案》，对国家储备做出了重大调整，即加强国家储备的统筹规划，构建统一的国家物资储备体系，对国家发展和改革委员会、民政部、商务部、国家能源局等部门相关职能进行整合，新组建国家粮食和物资储备局，其主要职责是："根据国家储备总体发展规划和品种目录，组织实施国家战略和应急储备物资的收储、轮换、管理，统一负责储备基础设施的建设与管理，对管理的政府储备、企业储备以及储备政策落实情况进行监督检查，负责粮食流通行业管理和中央储备粮棉行政管理等"。此次改革是自20世纪60年代中央提出"统一规划，分工管理"储备部门管理原则后的一次具有里程碑意义的重大改革和有益探索。表4－1是我国各类储备情况。

表4－1 我国各类储备情况

序号	储备名称	建立时间	管理部门	运作模式
1	国家（战略）物资储备	1953年	国家发展改革委	国家物资储备局（行政机关）—各储备物资管理局、办事处（行政机关）—储备仓库（事业单位）
2	石油储备	2003年	国家发展改革委	国家能源局（行政机关）—国家石油储备管理中心（事业单位）—石油储备基地（企业）
3	粮食储备	1990年	国家发展改革委	国家粮食局（行政机关）—中储粮总公司（企业）—分公司（企业）—直属库（企业）
4	棉花储备	20世纪50年代	国家发展改革委	国家发展改革委（行政机关）—中储棉总公司（企业）—直属库（企业）
5	食糖储备	1961年	国家发展改革委	国家发展改革委（行政机关）—华商储备中心（企业）—代储库（企业）
6	化肥淡季商业储备	1978年	国家发展改革委	国家发展改革委（行政机关）—化肥淡储承储企业
7	救灾化肥储备	1999年	国家发展改革委	国家发展改革委（行政机关）—中国农业生产资料集团公司
8	食盐储备	1957年	国家发展改革委	国家发展改革委（行政机关）—中国盐业总公司（企业）—各地盐业公司（企业）

续表

序号	储备名称	建立时间	管理部门	运作模式
9	羊毛储备	1990 年	国家发展改革委	国家发展改革委（行政机关）—羊毛储备省、自治区；各省、自治区发改委（行政机关）—承储单位（企业）
10	边销茶储备	1991 年	国家发展改革委	国家发展改革委（行政机关）—产区定点生产企业
11	肉类储备	1979 年	商务部	商务部（行政机关）—华商储备商品管理中心（企业）—承储单位（企业）
12	医药储备	20 世纪 70 年代初	工业和信息化部	工业和信息化部（行政机关）—中央医药储备企业（企业）
13	救灾物资储备	1998 年	民政部	民政部（行政机关）—承担代储任务的省级人民政府（行政机关）—储备库（企业）
14	防汛物资储备	1950 年	水利部（国家防汛抗旱总指挥部办公室）	水利部（国家防汛抗旱总指挥部办公室）（行政机关）—承担代储任务的有关省（自治区、直辖市）防汛抗旱指挥部办公室和流域机构防汛办公室（行政机关）—中央级防汛储备物资代储单位（企业）
15	烟叶储备	—	国家烟草专卖局	国家烟草专卖局—中国烟草总公司
16	厂丝储备	—	商务部、国家发展改革委、财政部	国家茧丝绸协调办公室负责委托有关单位
17	国家煤炭应急储备	2013 年	国家发展改革委	国家发展改革委—委托有关企业承储
18	国防交通物资储备	1963 年	国家交通战备办公室	国防交通战备办公室—各军区、交通主管部门及各省交通战备办公室—交通战备物资储备仓库
19	国家储备林	2013 年	国家林业局	国家林业局—省级林业主管部门—承储单位（林场）

注：①本表格根据相关资料整理而成。

②“—”表示数据不详。

③本表格为 2018 年之前各储备部门管理模式。

第二节　主要储备部门发展情况

一、国家物资储备

国家物资储备局成立于 1953 年，是我国最早成立的国家储备管理部门。国家物资储备局成立之初作为政务院的一个独立局，划归中央财委直接领导。经过 60 余年的风雨历程，国家物资储备局逐步发展壮大，形成了覆盖全国的仓储网络和庞大的物资储备规模，在我国经济社会发展不同阶段均做出了积极贡献。

国家物资储备系统采取三级垂直管理方式，见图 4－1。国家物资储备的决策层包括国务院、国家发展改革委、国家物资储备局三个部门，在决策过程中的角色各不相同。其中，国务院是国家物资储备决策的最高部门，未经允许任何组织

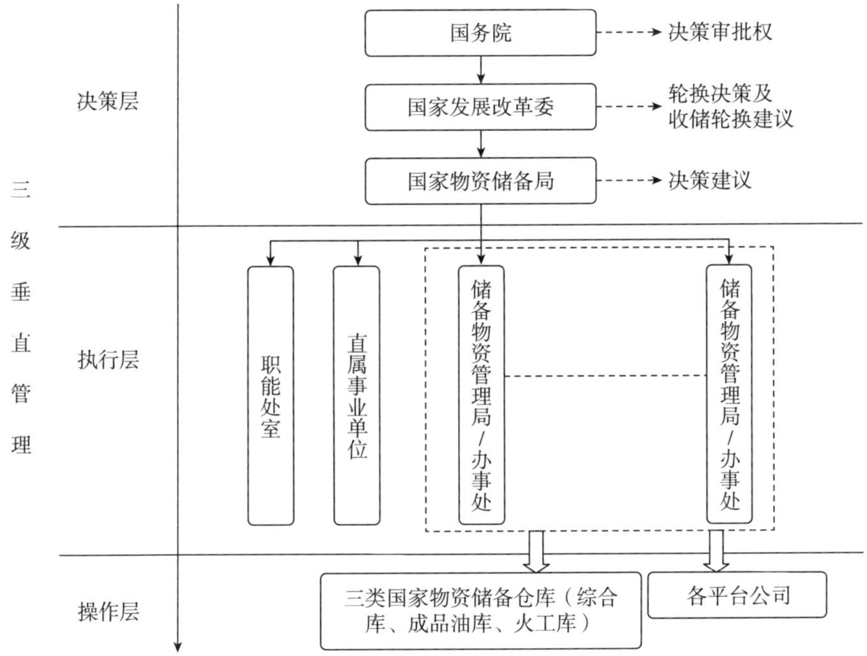

图 4－1　国家物资储备管理模式

或个人无权动用储备物资，具有物资收储动用的最终审批权。国家发展改革委具有轮换决策权以及收储动用的决策建议权。国家物资储备局仅具有储备收储、轮换、动用的决策建议权。

国家物资储备的执行层由国家物资储备局各职能处室以及下辖的26个管理局（办事处）组成，主要职责是组织国家战略物资的收储、动用、轮换和日常管理。国家物资储备的操作层由储备系统下辖的三类储备仓库构成，包括火工库、成品油库、综合库，分别管理火炸药、成品油、综合物资（如有色金属、稀贵金属、天然橡胶等）。另外，经上级管理部门允许，国家物资储备系统需要利用自身资源开展经营活动以弥补财政经费不足。2010年之后，国家物资储备局下辖各储备物资管理局分别成立了经营性公司，旨在进一步规范管理，划清储备管理与经营界面，实现政企分开，加快推进事业单位分类改革。

二、中央储备粮

（一）我国粮食储备制度的形成

中华人民共和国成立之初，我国经济基础薄弱，农业投入及粮食产量较低，平均每人仅100公斤左右，粮食供应十分紧张。当时我国粮食流通采取自由购销方式，部分不法投机商借机哄抬粮价，粮食市场一日三价。为稳定粮食市场价格，保证大城市粮食供应，政府通过调用储备粮干预市场。数据显示，1950~1952年，政府向市场投放的储备粮占到总交易量的30%~40%，打击投机行为。此举有效稳定了粮价，确保了社会稳定，对巩固和稳定新政权做出了重要贡献。

随着政权的稳定，农业生产得到快速恢复和发展，相关政策、制度陆续出台。1953年，中共中央出台《关于实行粮食的计划收购与计划供应的决议》，结束了自由购销的粮食流通方式，加强对粮食市场的控制，确立了粮食统购统销制度，并一直持续到20世纪80年代初期。

1955年，为防备灾荒，中央政府从粮食周转库存中划出部分粮食作为国家备荒储备粮，也称“甲字粮”，储备粮的所有权归国务院，并按照“丰年多储存，平年少储存”开展储备。1962年，中共中央通过《关于建立粮食工作的决定》明确提出建立粮食储备。同年，由于台海局势紧张，为保障战时粮食供应，中央决定建立“506”战略储备粮，即满足战争期间军队50万人6个月粮食供应，粮权属于中央军委，实行军政共管。此外，1963 年总结三年困难时期经验教训，中央要求基层农村集体（即生产队）建立粮食储备，粮权由农村集体所有。至此，我国粮食储备制度基本成型，即包括粮食周转库存、国家备荒储备粮（甲字粮）、“506”战略储备粮和农村集体储备粮。

（二）粮食储备制度变革

1978 年改革开放拉开序幕，农村开始实行家庭联产承包责任制，有效调动了农民生产积极性，粮食产量逐年增加，粮食供需矛盾得到极大缓解。与此同时，我国统购统销的粮食政策有所松动并进行了调整，但未从根本上改变统购统销的粮食流通管理方式。1985 年，中共中央、国务院发布《关于进一步活跃农村经济的十项政策》，取消了粮食统购派购，代之以合同订购，订购以外的粮食可以自由交易。自此，粮食流通进入购销“双轨制”阶段。

粮食购销“双轨制”的实施以及粮食大幅增产导致了新问题的出现。一方面，粮食丰收导致农民“卖粮难”，出现“增产不增收”的现象，严重挫伤农民种粮积极性。另一方面，市场粮食价格回升，国家合同订购任务难以实现，为解决这一问题，国家将“合同订购”改为带有农资补贴的“国家订购”，这又进一步导致粮食购销价格倒挂，粮食部门开始出现财务挂账。

1990 年，粮食生产再次获得大丰收，为避免“卖粮难”问题，政府着手构建后备储备体系，并印发《关于建立国家专项粮食储备制度的决定》，建立了粮食专项储备制度。同年 9 月，国务院成立国家粮食专项储备领导小组和国家粮食储备局。国家粮食储备局是粮食专项储备的专门管理机构，由国务院直属，商业部代管，商业部撤销后由国内贸易部管理。

1995 年，国务院印发《关于粮食部门深化改革实行两条线运行的通知》（国发〔1995〕15 号），提出“地方的粮食平衡，实行省长、自治区主席、直辖市市长负责制”。同年 2 月，中央农村工作会议提出“米袋子”省长负责制。随后，各省区陆续建立地方粮食储备，一些地县也建立了粮食储备。至此，我国初步形成了中央和地方两级粮食储备体系。有关研究资料显示，1992～1996 年，全国有 1300 多个国家粮食储备粮库命名的单位[①]。1995 年，国家划转部分大中型储

① 费佐兰，余志刚．中国粮食储备制度的历史变迁和发展趋势［J］．世界农业，2015（3）．

备粮库和转运站由国家粮食储备局直接管理，即中央直属储备粮库。

随着我国粮食储备体系的进一步发展完善，粮食储备规模不断扩大，有力增强了我国粮食宏观调控能力。资料显示，到1993年3月底，中央储备粮（含506粮、甲字粮和专项储备粮）规模达到500亿公斤的预定目标，此后各年我国粮食储备规模均在此目标之上，其在平抑1993年底至1994年的全国性粮价波动和1995年的饲料价格波动中发挥了重要作用。

然而，这一时期的粮食储备制度也逐渐暴露出一些问题。一是仓储布局分散。截至1998年9月底，全国共有国家专项储备粮承储点1万余个，除挂牌的1000多个国家粮食储备库外，大多为100万公斤以下的小粮库。二是政企不分，管理权责不明确，人员膨胀，管理落后，存在账实不符、擅自动用等问题。三是财务管理体制不顺，费用补贴不及时、地方财政部门挤占挪用收购资金和补贴款、农发行加息罚息不合理现象普遍，导致经营亏损和财务挂账剧增，中央财政不堪重负。四是吞吐和轮换机制不科学，超期存储现象严重①，难以适应社会主义市场经济下国家对粮食市场的宏观调控需求。这些问题的存在削弱了储备在粮食流通中的宏观调控中的作用，迫切需要对已有的粮食储备管理体制进行改革。

（三）现行中央储备粮管理体系

1. 中央储备粮垂直管理体制的提出

为克服前述中央储备粮管理中的诸多弊端，更好适应社会主义市场经济要求，加强国家对粮食市场的调控能力，国家决定对原有中央储备粮管理体制进行改革。1998年5月，国务院印发《关于进一步深化粮食流通体制改革的决定》，按照“四分开一完善”（即实行政企分开、中央与地方责任分开、储备与经营分开、新老财务账目分开和完善粮食价格形成机制）的原则，深化粮食流通体制改革，提出“中央储备粮实行垂直管理体制”，并将“储备粮与企业经营周转粮分开管理”。

新的储备粮管理体制下，中央储备粮由国家粮食储备局负责管理，粮权属国务院，未经国务院批准，任何单位和个人都不得动用。国家粮食储备局按经济区划组建的若干个中央储备粮管理公司，作为管理储备粮的经济实体并服务于国家

---

① 鲁晓东．试论我国中央粮食储备制度的进一步变革（上）［J］．调研世界，2001（5）．

对粮食市场宏观调控。各中央储备粮管理公司下设若干中央直属粮食储备库，部分已经储备中央专储粮的地方粮库由中央通过资产整体划转方式上收作为中央直属粮食储备库。

为避免地方截留、挪用中央储备粮贷款和中央财政拨付的利息、费用补贴，中央储备粮补贴资金也由中央财政垂直管理，相关费用和利息补贴按标准划拨至国家粮食储备局在农业发展银行开设的补贴专户，由国家粮食储备局会同财政部下拨。

进一步完善代储机制，对代储中央储备粮的地方粮库和社会仓储设施实行资格审核制度，通过委托代理的方式由中央储备粮管理公司与承储单位签订合同，明确权责，确保储备粮安全。

2. 中央储备粮垂直管理体制实行

1999 年 11 月，根据国务院办公厅国办发〔1999〕96 号文件，国家粮食储备局改为国家粮食局，主要负责全国粮食流通（含食油）宏观调控具体业务、行业指导和中央储备粮行政管理。原国家粮食储备局承担的中央储备粮调运、轮换、仓储管理、进出口等职能，以及管理中国储备粮管理总公司分支机构和中央直属粮油储备库（站）的建设、中央储备粮的财务等项管理职能，交给中国储备粮管理总公司。

2001 年 1 月，根据国务院国函〔2000〕2 号文件的批复，原则同意《中国储备粮管理总公司组建方案》和《中国储备粮管理总公司章程》。新组建的中国储备粮管理总公司（以下称“中粮储公司”）受国务院委托，负责中央储备粮（含中央储备油）的经营管理，并在国家宏观调控和监督管理下依法开展业务活动，实行自主经营、自负盈亏。根据国务院有关规定，国家发展计划委员会、国家粮食局对中粮储公司实行业务指导。国家划转上收 100 亿 ~ 150 亿公斤仓容的中央直属粮食储备库交由中粮储公司管理。中粮储公司负责储备粮储存安全，根据粮食的入库年限和品质情况提出轮换计划，每年轮换数量一般为储备库存总量的 20% ~30%，经有关部门批准后组织实施。

根据前述文件，中粮储公司对中央储备粮采取垂直管理体制。根据中央储备粮经营管理需要，在各省区设立分公司或办事处，并可对数量进行调整。分公司主要布局于粮食主产区和主销区，根据总公司授权委托，负责管理辖区内的中央储备粮油和直属库。2001 年，中粮储公司根据国务院国函〔2000〕2 号文件的批复建立13个分公司和1个办事处，到2017年底分公司数量已经增加到23个，机构和业务覆盖全国31个省份，直属库达338个①。

3. 中央粮食储备面临的主要问题

自新的粮食储备管理体制建立以来，中央储备粮在促进经济发展、社会稳定、民生改善中发挥了积极作用，有力提升了国家粮食安全保障能力。2013～2017年，国家年均收购粮食8000亿斤，完好仓容总量1.2万亿斤，为稳定市场预期、应对突发事件提供了有力支撑。但我国现行粮食储备管理体制也逐步暴露出一些问题，具体体现在以下几个方面：

一是中央储备粮和地方储备粮协同配合有待加强。我国现行粮食储备采取中央和地方两级储备。前者粮权属于国务院，后者粮权属于地方政府。由于不同的利益诉求，实际运作中中央储备粮管理企业与地方储备管理企业不可避免地发生同业竞争，尤其是粮食市场波动较大时，双方可能采取相反的策略，进而抵消了部分储备粮入市调控的效果。

二是中央储备粮监管机制有待进一步完善。由于中央储备粮实行垂直管理，弱化了地方粮食管理部门、工商、税务、卫生等来自外部的横向监管，各分公司和直属储备库相对独立，一旦出现问题，往往会造成严重后果，这也是中央储备粮领域屡屡出现"转圈粮"、以旧顶新、擅自更改入库成本等违规违法行为的重要原因所在。例如，中储粮河南粮库骗取国家巨额粮食资金案，就是由于监管不到位，导致储备粮食发生短库、质价不符等问题，给国家造成高达7.85亿元的巨额损失。

三是中央储备粮品种结构和品质有待进一步优化。现有中央储备粮主要储备品种包括稻谷、小麦、玉米、大豆。稻谷和小麦是居民消费的两大口粮，因此在储备中的比重较大，玉米和大豆占比相对较低。随着农业供给侧结构性改革的推进，玉米、大豆临储制度取消，相应规模和占比均有较大变化，但考虑到玉米、大豆的生产消费特点，还应适当提高比例。在储备粮的存在形式上，中央储备粮主要是原粮，但从应急的角度看需要增加一定规模的成品粮，以便快速投入消费，保证应急供应。此外，随着人民生活品质的不断提升，对优质稻谷、小麦的需求增多，但由于储备粮收储品质要求偏低以及轮换等原因，优质稻谷和小麦的

① 宋洪远．稳步推进国家粮食储备制度改革［J］．中国乡村发现，2017（3）．

比例不高，无法满足市场需求。

四是政策性储备与经营行为相互交织。中粮储公司作为中央储备粮收储执行主体，具有突出的政策性职能。但与此同时，中粮储公司还从事粮食流通、进出口贸易等经营性业务，接受国资委的统一监督管理和利润考核，有着以利润为目标的天然属性。在实际运作过程中，盈利目标和粮食宏观调控目标必然会产生矛盾，可能因此导致企业在落实计划指令过程中发生故意拖延或逆向操作，影响政策效果的发挥。

三、国家煤炭应急储备

我国煤炭资源丰富，但分布不均，呈现西多东少、北富南贫分布特点。从国内煤炭供需情况看，总体供需基本平衡，能够满足当前及未来我国煤炭消费需求。但由于我国煤炭资源主要集中在中西部地区，而消费主要集中在东部经济发达地区，导致煤炭必须经过上千公里的长途运输，形成了西煤东送、北煤南运的运输格局。2000 年之后，随着我国煤炭消费量的快速增加和煤炭生产的向西移动，煤炭供应链断裂的风险进一步加大，“煤荒”“电荒”频现，引起社会各个层面的广泛关注。2008 年，我国南方地区发生冰冻雨雪灾害，受灾地区电煤供应告急、很多电厂出现缺煤停机现象，严重扰乱了正常的生产生活秩序。

为保障应急状态下煤炭保障能力，经过长时间的谋划论证，我国着手建立煤炭应急储备。2011 年4 月，国务院批准通过国家煤炭应急储备方案，标志着国家煤炭应急储备正式进入运作阶段，并确立了第一批国家煤炭应急储备计划 500 万吨以及包括煤炭、电力、港口等企业在内的 18 个储备点。2011 年 5 月 11 日，国家发展改革委、财政部联合印发《国家煤炭应急储备管理暂行办法》（以下简称《办法》），明确提出“国家煤炭应急储备遵循企业所有、国家调节，市场运作、财政补助，合理布局、保障有力的原则”，并围绕上述原则进一步明确了国家煤炭应急储备管理体制、布局、储备/轮换/动用、监督检查等内容，勾勒出了我国国家煤炭应急储备的全貌。

（一）企业所有、国家调节

“企业所有、国家调节”，明确了储备煤炭的所有权归属以及运作过程中企业和国家之间的关系。储备煤炭的所有权归企业所有，国家则对煤炭应急储备的运作进行管理和监督检查。这种管理方式是由我国煤炭生产消费特点所决定的。

首先，我国煤炭产销量巨大，相应储备规模以百万吨计，如由国家出资建立将占压数百亿资金，这无疑会增加财政压力并削弱财政资金的杠杆作用。按2011年相关数据测算，2011 年我国全年原煤产量 35.2 亿吨，当年秦皇岛 5500 大卡动力煤每吨价格 800 元左右（2017 年秦皇岛 5500 大卡动力煤现货指数全年平均价格634 元/吨）。按此计算，2011 年首批国家应急煤炭储备规模500 万吨所需资金约 40 亿元。

其次，煤炭长时间堆存可能出现自燃现象，不同牌号煤炭发生自燃的时间不尽相同，但一般不宜超过 4 个月，这就要求储备煤炭需要及时进行轮换。考虑到煤炭的这一特点，《办法》中规定，“国家煤炭应急储备期限原则上按照 8 个月确定……国家煤炭应急储备的轮换，盈余正常生产经营、周转相结合，保证储备煤炭始终处于先进先出、以进顶出的滚动状态，每季度至少轮换一次”。

最后，国家对煤炭应急储备进行调节。调节的内容是多方面的，包括煤炭应急储备的计划、布局、轮换动用、监督管理等。这些内容涉及国家发展改革委、财政部、交通部门、铁路部门、行业协会等不同部门。为保障国家煤炭应急储备的顺畅运行，《办法》中也对各部门职责分工做出了明确规定。例如，《办法》规定“国家发展改革委、财政部会同交通运输、铁道、能源等部门负责拟定国家煤炭应急储备规模，确定承储企业和储备点布局，下达收储计划和动用指令”；规定交通运输部、铁道部的职责是，“根据国家发展改革委统一部署，负责国家应急储备煤炭的运输组织、协调，并对运输执行情况实施监督检查”。

（二）市场运作、财政补助

国家煤炭应急储备注重发挥市场的作用，将煤炭应急储备与市场紧密结合，既保障了国家煤炭应急储备的高效运作，又最大限度地保障承储企业的利益。在储备煤炭运力保障方面，国家煤炭应急储备原则规定由供需双方自行解决，但同时也规定“在特殊情况下，由交通运输部负责组织协调，运价按当期市场价格执行”。在储备煤炭的轮换方面，国家煤炭应急储备将轮换与承储企业生产经营紧密结合起来，规定轮换“应与正常生产经营、周转相结合，保证储备煤炭始终处于先进先出、以进顶出的滚动状态”。在动用储备煤炭的定价方面，规定参照承储企业所在地当期同品质煤炭市场价格确定。此外，《办法》中还规定，承储企业取得中央财政补贴后自负盈亏，这也是市场运作的最直接体现。

完全的市场运作对企业而言必然存在一定的市场风险，而企业是以利润最大化为目标，为提高企业参与的积极性，国家在煤炭应急储备资金保障方面给予一定的优惠政策，通过财政补助方式吸引企业参与，补助的内容包括国家煤炭应急储备贷款或占用资金利息补贴、对场地占用费和保管费等管理费用定额补贴。

客观地说，“市场运作、财政补助”的储备方式对承储企业具有较大吸引力。笔者曾实地走访过数十家煤炭、电力、港口企业，他们均对此种方式表示肯定。不难理解，这些企业均为国有企业，履行社会责任义不容辞，即使没有任何补助，也要为保障本地区电力稳定增加煤炭库存，保证正常社会生产生活有序进行，这无疑也体现了他们的政治担当。既然如此，国家提出建立煤炭应急储备，既能增加煤炭库存，提高本区域煤炭供应保证能力，又能够获得一定的资金支持，缓解企业经营资金压力，企业自然没有理由不欢迎。当然，国家对财政补贴的发放还要进行严格的审核监督，由储备点所在地专员办对承储企业编制补贴资金申请报告，并进行审核后报送财政部。对没有完成储备任务的承储企业，不予发放财政补贴。

（三）合理布局、保障有力

为保障应急情况下煤炭可靠供应，国家煤炭应急储备提出了“辐射范围广、应急能力强、储备成本低、环境污染小”的布局原则，重点在沿海、沿江、沿河港口和华中、西南等地区选取储备点。如此布局符合我国煤炭生产消费特点。西煤东送、北煤南运的煤炭运输方式主要包括两种：一种是水运，通过海运和内河运输，其中环渤海区域的秦皇岛港、曹妃甸、黄骅港是北方主要煤炭下水码头，东南沿海和长江沿线主要港口为上水码头；另一种是铁路运输，主要铁路干线煤炭运输任务繁重，尤其是在冬夏用电高峰时期铁路运力压力巨大。国家煤炭应急储备在主要煤炭流通节点布局，通过用煤淡季提前扩大煤炭库存，缓解用煤高峰煤炭生产企业、运输企业以及用煤企业生产经营压力。为保证国家煤炭应急储备调运及时，《办法》还规定“交通运输部、铁道部组织有关港航、铁路运输企业优先安排国家应急储备煤炭的装卸及运输”。

同时国家还对储备点的资格做出了规定。储备点为煤炭生产企业的，要求煤炭资源充足、煤矿生产能力在2000万吨/年以上、煤质优良稳定、适用于多数电厂。储备点为火力发电厂的，要求装机容量在100万千瓦以上，还要求储备点要具备良好的区位优势和运输条件，经营管理规范，守法经营。

此外，《办法》还对承储企业和储备点企业的储存点场地要求、计量检验、库存管理、情况报告等活动做出了具体规定，确保储备煤炭数量准确、质量可靠。在储备场地方面，规定储备点应具备可检查、可认定、位置边界清晰、满足存储要求的储煤场地，国家煤炭应急储备的储煤区和垛位应尽量集中。承储企业和储备点企业应建立国家煤炭应急储备逐批计量、质量检验制度，保证收储煤炭的数量、品种、质量和储存地点符合收储计划的要求。承储企业和储备点企业应当对国家煤炭应急储备实行专账登记，保证国家煤炭应急储备账账相符、账实相符，承储企业和储备点企业定期联合对国家煤炭应急储备进行盘存。国家煤炭应急储备实行月度报告制度，承储企业应在每月第10个工作日前，分别向国家发展改革委、财政部、省级经济运行调节部门及专员办，上报国家煤炭应急储备月度报表和分析报告。承储企业和储备点企业不得违法将国家煤炭应急储备对外进行担保或用于清偿债务。

四、军队物资储备

军队物资储备，是军队直接掌管，为保障持续不间断物资供应，按规定预先进行的储存物资的活动，用以支持战时或执行重大非战争军事行动时各种必需的生产以及作战和其他行动的需要。

我国军队物资储备经历了一个从无到有的过程。解放战争时期，人民解放军物资储备工作改变了土地革命战争时期和抗日战争时期各部队自筹自供、分散保障的局面，形成了各战略区内按后勤业务系统统一筹措、储备供应的储备模式。中华人民共和国成立前后，随着人民解放军从上至下的后勤机构的建立，全军性的物资储备体系逐步形成。1949年，军委总后勤部在其计划处内设立了军队清仓物资办公室。1950年5月，中央军委按中财委规定成立了“军属仓库物资清理调配委员会”，具体负责军队系统仓库物资清理政策、制度的制定和有关物资清理、调配、协调等统管事宜。同时，总后勤部成立了物资订货和采购机构，各军区及总部有关部门和海、空军及一些需要物资较多的兵种也成立了物资订购机构。

1953年，人民解放军的物资储备体系基本成形，形成了“统一领导、分级负责”的战略、战役、战术三级物资储备管理体制，即中央总后勤部物资主管部门统管全军的物资流通，各部各有关部和各军兵种、各大军区后勤主管部门在上一级管理机构的计划和业务指导下负责各自系统的物资储备工作，各海军舰队、军区空军、第二炮兵基地、军区后勤分部和省军区、集团军、特种师物资管理部门在上一级管理机构的计划和业务指导下负责各自物资储备工作。随着人民解放军物资储备管理工作的发展和成熟，其管理体制进一步调整为“统一计划、分级管理、分区供应”的管理体制（也可称其为“条块结合、以块为主”的管理体制），将之前完全按业务系统进行物资储备管理的模式调整为在总后勤部统一计划下的分级管理、分区供应。

20 世纪 70 年代末，我国改革开放拉开序幕，军队按照中央要求进一步对后勤领域进行改革调整。军队物资储备也相应做出改革调整，但总的来看，军队原有物资储备的组织体系、品种结构、仓储布局等变化不大。1998 年，军队对体制编制做出进一步调整，并决定对军队现行后勤保障体制进行重大调整和改革。在物资储备领域，为适应全军新军事变革大趋势，开始着手建立区域保障与建制保障相结合、统供与专供相结合，以军区为基础的三军联勤保障体制，形成了全军一体化的物资保障格局。与之相适应，1999 年总后勤部将各地区物资局更名为军用物资订购局，对所属物资供应站、仓库进行整合，除部分保留外，其余或移交给军区或予以撤销。经过几十年的改革与发展，军队物资储备形成了规模适中、数量相当、品种齐全、点面结合的军队物资储备体系①。

管理体制方面，军队储备按照区域储备与建制储备、通用物资统储与专用物资分储相结合的办法，形成了战略、战役、战术三级管理体系。其中，战略储备是为保障战略行动和在全军范围内实施重点支援的需要而进行的物资储备，通常由军队总部负责组织实施。战役储备是为保障战役作战任务需要而预先进行的物资储备，通常由战区（军区）、战役军团按规定组织实施。战术储备为保持经常的战斗准备或根据完成一定战斗任务的需要而预先进行的物资储备，通常由师以下部队按规定组织实施②。对应上述三级储备，总后勤部军需物资油料部是全军通用物资

① 彭呈仓．区域型战略物资储备研究［M］．北京：国防大学出版社，2012.

② 全军军事术语管理委员会，军事科学院．中国人民解放军军语（全本）［M］．北京：军事科学出版社，2011.

储备工作的主管部门，该部门成立于2003年，统管军需物资筹措、储备、运输、补给和维修各项保障工作。此外总后勤部直属武汉后方基地、青藏和川藏两个兵站部作为战略资源储备基地。各大军区联勤部，对军兵种部队实行财务、军需、卫勤、军事交通运输、物资、油料、基建营房等通用和专用保障，主管战区内的通用物资储备工作。联勤分部军需处及所辖军需仓库等是通用物资储备的基本力量，主要负责组织实施区域内诸军兵种部队通用物资的储备和保障工作。

物资品种方面，储备包括油料、军需、弹药、营材、武器等众多门类，种类数量达到几百万种，能够保证军队平时建设、训练和重大军事行动、中等规模战争的需要。

储备仓库建设方面，形成了一批地下、半地下和地面相结合的大规模仓库群，各仓库大多建有铁路专用线和专用站台，附属设施配套完善，物资收发作业机械化水平较高。

2016年1月，中央军委印发并实施《关于深化国防和军队改革的意见》（以下简称“军改改革意见”），被称为“史上最牛”的军改。随着军改的稳步推进，军队联勤保障体制改革也按照“军委管总、战区主战、军种主建”的总原则，加快“构建与联合作战指挥体制相适应，统分结合、通专两线的后勤保障体制”。2016年9月，中央军委联勤保障部队成立大会召开，该部队主要由军委直属领导，是我军实施联勤保障和战略战役支援保障的主体力量，新组建武汉联勤保障基地以及无锡、桂林、西宁、沈阳、郑州五大联勤保障中心①。

第三节　我国储备存在的主要问题

一、管理体制不顺，顶层设计有待加强

目前，我国储备采取“条块分割、归口管理”的管理体制，导致国家实物

① 赵飞鹏. 军委联勤保障部队是一支什么样的力量［N］. 中国青年报，2016-09-14（4）.

储备管理相对分散，增加了统筹协调的难度。具体表现在以下几个方面：

（一）政府储备和军队储备相互割裂，缺乏合作与融合

我国政府储备和军队储备基本属于平行运行，较少交集。根据我国宪法，中央人民政府和地方人民政府是我国国家权力的执行机关，也即行政机关，而中央军事委员会领导全国武装力量。也就是说，中央和地方建立的政府储备与军队建立的储备分属于两条线，体制上是相互分开的，导致政府储备和军队储备各自为政，职责交叉，缺乏统筹协调，形成了相对独立的两套体系。以各自仓储设施建设为例，无论是政府储备和军队储备都投资建立了大量储备仓库，除部分用于储存武器装备、冷冻食品等有特殊储存要求的特种仓库外，其他是可以共享共用的，但由于前述问题这些资源很多处于业务不足的状态，造成巨大浪费。事实上，党中央国务院高度重视军民融合问题，尤其是 2017 年军民融合上升为国家战略，全社会对军民融合形成共识，不同领域不同层面积极行动，贯彻落实军民融合战略。国家储备本身肩负服务国防的使命，因此更好实现与军队储备的融合是有效履行自身功能的客观要求，政府相关部门和军队储备主管部门应当加强联系，深化研究，创新融合方式，更好发挥储备作用。

（二）中央和地方两级政府储备相互分离，缺乏协同

我国政府储备一般按照“分级负责，属地管理”的原则进行设计，按行政主体的管辖权不同分为中央（政府）储备和地方（政府）储备。中央政府通常针对某一领域或重要商品采取垂直管理的方式建立相应的储备制度，但由于我国地域广阔，中央政府储备规模和布局往往无法满足需要，地方政府则根据相关法律法规及行业主管部门的要求负责在辖区内建立相应的物资储备。石油、粮食、稀贵金属等重要战略物资的储备通常采用中央储备的形式，由中央政府统筹管理，其收储轮换动用由国务院统一决策，未经允许，任何单位和个人无权动用。为应对本地区可能发生的重要风险，保障地区经济社会平稳发展，地方政府也针对本地区经济社会发展水平和特点建立储备，如地方粮油储备、草原防火物资储备、应急救灾物资储备等。这些物资储备与各地区社会生产生活密切相关并具有一定的地域性，以草原防火物资储备为例，根据《中华人民共和国草原防火条例》规定，县级以上人民政府草原防火主管部门根据全国草原防火规划，结合本地区实际，编制包括防火物资储备等内容在内的本地区草原防火规划并负责组织实施。

理论上，中央政府储备和地方政府储备相互补充互为依托，但在实际运行过程中，中央储备和地方政府储备在人员队伍、仓储设施建设、储备布局等方面相互分离，少有沟通，并因此形成信息孤岛，难以实现全国范围内储备物资的共享和快速调配。

（三）储备部门管理分散，资源整合难度大

如前所述，我国各类储备按照“部门归口管理”的原则分别由各行业主管部门进行管理。应该说这种管理方式更具专业性，并能够与相关行业更好融合，更专注和擅长应对本领域的重大风险。但这种方式并非无懈可击，其不足主要表现在两个方面。

一是在应对重大突发事件中部门之联动性较差，储备的综合保障能力无法有效发挥。例如，汶川地震这类重特大灾害，涉及救灾物资储备、医药储备、成品油储备、军队储备等多个储备部门参与，如无统一指挥协调势必造成一定的混乱。这方面问题中央政府已经有所意识并做出制度安排，在国务院发布《国家突发事件总体应急预案》中规定“国务院办公厅设国务院应急管理办公室，履行值守应急、信息汇总和综合协调职责，发挥运转枢纽作用”，在相关突发事件领域成立了相应的指挥机构，如国家抗震救灾指挥部、国家防汛抗旱总指挥部等，但在预警预测、响应机制、应急演练、调查评估等方面的工作还有待进一步加强。

二是部门利益掣肘下各储备管理部门所辖通用仓储资源无法实现共享共用，导致基础设施重复建设，造成国有资产的闲置和浪费。经过几十年的发展，我国各类储备相继建立，由于各个储备部门分别由不同的主管部门管理，其在发展规划、人员队伍、设施设备等方面各自独立，自成体系。对于棉花、原糖、有色金属等没有特殊储存要求的一般储备物资而言，可以利用已有的通用储备仓库实施储备。但各部门更愿意将储备仓储任务交由本系统内部仓库承担。同时，现行管理体制下各类储备仓库往往对上负责，走出去承担其他储备部门仓储任务的主动性不强，渠道不畅通。

（四）相关政策保障有待进一步完善

储备在运行管理中涉及不同部门，如财政部门负责储备资金的保障和管理监督，交通运输部门负责为储备物资的运输提供便利和帮助等。然而，实际运行中各部门与储备相关的政策和标准不甚明确。以储备仓库设备配置为例，目前在配置设备类型、数量、采购价格等方面尚无明确的标准，储备仓库设备采购/更新/报废等无据可依，设备超期运转，带病服役的现象很普遍。

表面上这些现象是相关政策不完善，但实际上很大程度上是人们对储备的认识不清晰。所谓储备，即储而备用，其实质是防风险，落脚点是保障安全，风险时时都在，但并不一定转化成实际的事故，而一旦风险转化为事故，就需要有必要的储备加以应对，正所谓养兵千日用兵一时。很多人仅仅看到了储备的投入，而忽视了储备所能产生的巨大效益，这其中更多的是社会效益，而这种社会效益恰恰是不容易衡量的，也是目前储备理论研究的重点和难点之一。也正因为如此，储备无用论的声音始终没有消除。本书认为，储备的重要性毋庸置疑，只是储备在不同时代背景、生产力发展水平、不同国家的存在方式、储备形式，品种规模不同而已。

二、储备管理单一，储备模式有待创新

（一）储备主体单一

物资储备按储备实施主体可分为国家储备和民间储备。其中，国家储备由国家出资或通过政令建立，可直接掌控，便于调配，但需要占用大量财政资金，在管理效率方面也不尽如人意。民间储备从所有权看属于企业、机构或个人，国家无法直接支配，不如国家储备调用及时，但民间储备主要占用民间资本，财政资金投入较少。从全球范围看，不同国家根据各自国情建立不同的管理模式，例如美国的战略物资储备主要是国家储备，日本的石油储备则采取国家储备和民间储备相结合的方式，而德国的石油储备则主要以民间储备为主。

我国储备成立之初沿袭了苏联的管理模式，采取政府计划管理，具有较深的计划经济体制烙印和行政管理色彩，加之很多储备部门涉及国家秘密，具有强烈的自我保护意识，因此我国储备长期以来基本由政府、军队等国家部门开办，国家部门之外的社会机构很难进入这一领域。在这种情况下，储备所需的物资采购费用、仓储设施设备建设资金以及运行维护成本也相应由财政负担。然而，改革开放之后我国工业化和城镇化快速发展，财政资金更多投向关系我国经济社会发展的其他重点领域，储备所需资金无法得到足额保障，给各类储备的生存与发展造成了不同程度的影响。

（二）储备形式单一

按照国家储备的形态划分可将国家储备分为有形储备和无形储备。其中，有形储备由相关部门掌握，可直接调用。无形储备则可在一定时间内转化为有形储备，弥补有形储备的规模不足，两者相互补充。有形储备又可以根据储备物资在生产过程中所处的阶段划分为资源储备（也可称资源地储备）、初级产品和原材料储备（如石油、矿石、金属材料等）、产成品储备（如重要商品、成套设备等）。无形储备相对于有形储备的固定投入和管理费用更低，在同等效果下应当优先考虑无形储备。无形储备则又可分为政策储备、能力储备、技术储备、信息储备等。

目前，我国储备以有形储备中的初级产品和原材料储备、产成品储备为主，资源储备和无形储备方面所开展的工作还十分有限。这种结构配置已经不适合当前我国实际情况。首先，初级产品和原材料储备、产成品储备需要投入大量的采购资金和储存保管费用，增加了财政负担，而随着我国社会主义市场经济体制的建立和完善，各类物资极大丰富，生产能力显著提高，可通过建立合同储备和能力储备替代部分实物储备。其次，我国深度融入全球市场，各种资源和商品的来源渠道更加多样，而随着我国政治、军事在全球范围内影响力的不断提高，我国对重要资源能源的掌控力也随之提升，可以适当减少部分实物储备。最后，现代物流和信息技术的飞速发展，极大地提高了商品采购效率，缩短了采购周期，加之应急物流体系的建立和完善，能够确保在极端情况下的物资调运，也为减少实物储备提供了条件。由此可见，我国应当适时调整国家实物储备的形态结构，综合运用资源储备、能力储备、信息储备等多种储备形式。

此外，通过对比我国与美国、日本等发达国家经济发展过程中相同发展阶段能源资源消费情况可知，我国各种能源资源消费规模已接近峰值，即未来能源资源消费增量部分对实物储备的需求不高，并可能随着能源资源消费规模回落而下降。在这种情况下，生产能力储备、技术储备和信息储备可能成为未来储备的主要形式。

三、储备运行机制不完善，管理水平有待提高

（一）决策机制有待完善

储备决策是指在确定或不确定的条件下针对储备问题做出决定和选择，涉及

储备的品种、规模、布局、收储、轮换、动用等方方面面，影响因素众多，决策过程复杂。从当前国家实物储备领域的整体发展情况看，其在储备决策方面至少存在两方面问题：

一是对相关领域缺乏有效的预警监测和联动机制。现有储备物资大多采取静态管理的方式，即各储备物资管理部门往往将更多的精力放在如何管好物资，而对该种物资在不同领域应用和市场变化情况缺乏了解，无法做出及时调整。一方面，由于储备物资管理部门和相应行业管理部门相互隔离，缺乏联动，加之储备决策往往需要层层审批，决策周期长，响应速度慢。另一方面，储备物资管理部门在预警监测方面重视不够或投入不足。预警监测是储备正确决策的必要前提，而目前大部分储备主管部门在市场和相关领域所做的预警监测工作还很不系统、不全面，导致储备实践中事中、事后控制多，事前控制少。

二是决策的科学性不高。储备决策是一个十分复杂的过程，因此应当有一套科学的决策方法作为支撑，而这恰恰是我国储备所欠缺的。第一，目前储备理论研究严重滞后，在储备的经济学理论基础、功能定位、作用机制、管理模式等方面的基础研究较少，研究深度不够，对储备实践的支撑和指导作用十分有限。例如，我国储备的政策目标不清晰，即储备到底能在哪些方面发挥作用，现在只能笼统地提出在军事和国防、应对突发事件以及宏观调控等几个方面，没有更具体的指向，更缺少对不同政策目标下储备的作用机制和可能的政策效果预测评估研究。第二，智囊智库的支撑不足。国内储备理论体系和学科建设滞后，关注和从事国家实物储备理论研究的专业机构和专家学者较少，大部分接触过储备理论研究的机构和专家往往浅尝辄止，未做持续的深层次研究，智囊智库自然成为无源之木。

（二）组织管理效率有待提升

我国现行实物储备的管理方式主要包括两种类型，即行政直接管理和行政指导企业运作两种模式。行政直接管理的典型代表是采取“行政机关＋事业单位”的国家物资储备系统，行政指导企业动作的典型代表是“行政机关＋大型国企”的粮食储备系统。上述两种管理模式的共同点在于带有浓重的行政管理色彩，其优点是具有较强的组织纪律性，服从指挥，便于掌控。缺点是存在政事（企）不分、管办职责不明确等问题。与社会同类仓储企业相比，政府开办的储备仓库整体运行成本高，管理效率低，人员冗余，组织缺乏活力。另外，与国外储备仓库相比，我国储备仓库设备设施的自动化水平和整体运营水平都存在很大差距。

需要指出的是，对于大部分政府开办的储备仓库，由于财政经费不能足额保障，需要面向社会开展经营活动，一方面可能造成经营的逐利性和国储的公益性之间相互挤压，另一方面存在拼设备、拼资源的问题，导致国有资产浪费和流失。

（三）轮换更新机制不畅

国家储备的目的是储而备用，而储备物资能不能用又取决于目标风险事件发生与否。大部分情况下，储备物资的存储周期较长，受储备物资自身使用寿命以及经济社会发展和技术进步等因素的影响，需要对储备物资进行轮换或适时调整储备的品种规模。但目前储备管理部门与有关行业缺乏必要的融合，在库物资无法进行及时轮换更新和品种优化，有些物资甚至已经被行业淘汰，目前储备的轮换更新没有与物资的生产端和消费端进行有效的衔接。

第四节　我国储备的发展趋势

一、组织管理集中化

我国涉及物资储备管理的部门接近 20 个，而且各部门之间条块分割，缺乏合理的沟通协调机制，无法形成合力，而紧急情况下国家调用储备往往涉及多个储备品种，不是某一个部门可以满足的。由于目前我国没有一套完善、统一的指挥协调机制，必然使储备的组织效率、应急速度和作用效果受到影响。同时，各物质储备日常运行管理中有很多资源也是可以共享的，如储备仓库、仓储设施、铁路专用线、人力资源等，通过整合可以提高资源使用效率，降低整个国家储备的运行维护成本，这就是“大储备”的概念，而现行国家储备管理体制下，各部门很难跳脱自身利益诉求，所以必须从国家层面加强顶层设计，创新国家战略物资储备的管理体制，加快推进储备管理集中化、一体化。牢固树立国家在物资储备工作中的主导地位，加强国家层面的权威领导，强化各领域各部门的统筹协调，发挥法制保障作用，使物资储备体系在“战时能战”“急时应急”和“宏观调控”中能够及时高效行使国家公权力，切实统筹物资使用，搞好系统集成，形成发展合力。

2018 年，党的十九届三中全会审议通过深化党和国家机构改革方案①，提出建立统一的国家物资储备体系，组建国家粮食和物资储备局，对多部门储备相关职责进行整合，成为继 20 世纪 60 年代后国家储备改革发展进程中的又一重要里程碑。但我们必须清楚地认识到，建立统一的国家物资储备体系并非简单地把各部门的职能堆砌，关键是整合与创新。因此，整合过程中，应先要注重战略前瞻性，深化全国储备工作一盘棋的战略思维，科学设计部门组织架构和工作职责，全面统领预警监测评估、计划决策、储存保管、收储动用、人才队伍、制度法规、理论建设等各方面工作，形成系统优化高效工作格局。然后和谐融合，以维护国家安全和发展利益为出发点，打破改革前的部门利益藩篱和门户界限，加强调研、沟通，凝聚共识，形成合力。

二、运行机制市场化

改革开放以来，我国基本经济制度从计划经济转向市场经济，中国特色社会主义市场经济体制逐步确立和完善，对市场在资源配置中作用的认识也不断深化。1992 年，党的十四大明确了建立社会主义市场经济体制的改革目标，提出市场应在国家宏观调控下对资源配置起基础性作用。在之后党的十六大、党的十七大、党的十八大也都从不同角度进一步强调“发挥市场在资源配置中的基础性作用”。党的十八届三中全会则创新提出“市场在资源配置中起决定性作用”，这一论断是建立中国特色社会主义市场经济的内在要求和重要特征。当然，在强调市场资源配置决定性作用的同时，也不能忽视政府这一有形之手对市场的促进和保障作用。

就国家储备而言，储备作为政府向社会提供的一种公共产品，是“更好发挥政府作用”的一种手段和工具，其作用之一就是保障市场公平竞争，这在 2016

---

① 国务院机构改革方案．［N］．人民日报，2018－03－18（6）．

年3月国务院批复发改委《关于2016年深化经济体制改革重点工作的意见》中有所体现。这就要求我们要处理好储备与市场的关系，“使市场在资源配置中起决定性作用和更好发挥政府作用”。因此，储备运作过程中，应充分利用市场经济方式，转变以往战略物资储备管理主要采取计划手段的做法，更多利用供需机制、价格机制、竞争机制实现战略物资储备运作，确保物资储备体制机制运转有序，工作顺畅。建立战略储备物资运作信息发布平台，与此相关的地方政府和企事业单位都可以通过该平台了解战略物资收储或处置的信息，进而向战略储备进行援助申请、提供服务或参与购买特定物资。减少进出口和销售限制，为战略物资储备运作创造良好外部环境，拓宽战略物资储备采购和处置的渠道。引导流通、加工企业等多元化市场主体参与储备物资收储，探索战略储备物资动态轮换机制，更好地将生产流通与储备轮换有机结合。

三、储备发展多元化

随着国家储备改革发展的不断深化，国家层面进一步深化对储备的思考和顶层设计，一个立体化、多层次的储备体系轮廓逐渐展现出来。我国“十三五”规划纲要指出，要“健全国家战略物资储备，构建产品产能产地储备相结合的国家战略资源能源储备体系”。产品产能产地储备涉及储备商品在生产流通过程中的不同形态。其中，产品储备一般是产成品或半成品，一旦需要可以立即投入使用，是目前国家储备的主要存在形式。产地储备主要是指资源储备，对一些重要资源能源储而不采，这主要是从资源的稀缺性和重要性考虑，也兼顾了资源开采的经济性和环保因素。产能储备实际是一种动员能力，本质是预留产能，紧急情况下可减少生产设备设施的建设和投运时间，可在较短时间内获得所需物资。

2016年印发的《关于2016年深化经济体制改革重点工作的意见》指出，要建立健全中央储备与地方储备、政府储备与商业储备互为补充的储备制度。中央储备和地方储备是针对不同层级、不同地域范围建立的储备。中央储备主要是防范化解国家层面的重大风险，地方储备则根据本地区具体风险特点设置储备。政府储备和企业储备是要充分调动社会各方参与储备的积极性。政府储备由政府出资建立并掌握，是政府防范化解风险的直接后备力量。企业储备则将储备与社会生产流通相结合，将企业生产和周转库存中的一部分作为储备进行管理。

此外，政府购买服务是事业单位改革的重要措施，而提供服务者不仅是事业单位，也包括一些符合相关条件的其他社会组织。目前，相关储备部门已经开始实践，例如国家物资储备局颁布了《国家物资储备综合物资企业代储管理办法（试行）》，并取得了良好效果，代储制度已经成为整合利用社会闲置仓储资源，提高储备管理效率，降低储备运行成本的有效措施。但目前代储机制尚存不足，建议进一步完善代储资格认定机制，细化代储资格认定标准，扩大和规范代储公开招标，做到公平、公正、公开；合理制定相关代储管理制度、费用标准等，逐步提高代储管理的规范化、标准化水平；进一步完善监督检查机制，明确监督责任主体，赋予代储监管单位对违规代储单位的实际处罚权。通过建立多元化储备主体，使储备数量与人口数量、经济发展规模和社会发展状况等相适应，做到统一调配，资源共享，避免重复建设，提高储备效能，不断使物资储备系统的适应性、有效性、科学性进一步提高，从而促进社会各领域各部门之间储备资源有机协调、有序衔接。

四、运作管理规范化

长期以来，我国储备管理具有较强的行政化管理色彩，储备物资主要存放于政府举办的储备仓库中，其运行经费全部或部分由财政给付。毋庸置疑，这些具有事业单位性质的储备仓库组织严密、纪律严明，关键时刻能打硬仗。然而不可否认，事业单位本身具有一些很难克服的缺点，例如政事不分、事企不分、机制不活、人浮于事等。

为进一步加强储备管理的规范化、制度化、法制化，需研究建立权威的储备监管机构，加快建立健全战略储备预警监测和快速响应机制，逐步建立储备决策咨询机构。目前大部分储备主管部门在市场和相关领域所做的预警监测工作还很不系统、不全面，导致在储备实践中事中、事后控制多，事前控制少。战略物资储备决策往往需要层层审批，决策周期长，响应速度慢。为克服上述问题，建议重视战略物资储备预警监测工作，完善组织结构，成立战略物资储备预警监测中心，对重要商品生产、流通、消费情况进行跟踪监测并及时预警，提高国家战略物资储备决策的科学性；简化决策审批，赋予储备主管部门更大的储备物资采购和处置权，提高决策效率，及时把握时机。同时，配备官、学、商中的高素质人才，提高价格波动和经济周期预测的准确性，并以此为基础对收储和放储做出决策。加快建立和完善全国联网的市场监测系统和储备物资库存管理系统。市场监测系统主要用于收集、分析、预测储备物资的国内和全球生产消费量、进出口量、全球库存量以及期现货市场价格波动情况。储备咨询机构根据市场监测系统和物资管理系统提供的信息定期向国家有关领导部门报告监测指标和决策建议。

第五章 储备主体多元化

主体在实践活动和认识活动中处于主导地位，具有自主性、目的性、能动性和创造性，能够自觉运用各种工具和方法，全面认识客观世界，在实践中积极改造客观世界。研究储备主体，就是要从主体层面厘清储备主体的存在形式及相互关系，从而更好地发挥储备主体作用。

国家储备的逻辑起点是防风险，落脚点是维护国家安全，具有公共产品属性，其作用是市场无法取代的。传统的公共产品理论认为，政府既是公共产品的生产者也是公共产品的分配者，两者是合二为一的，而随着公共产品理论的不断发展，现代公共管理提出公共产品的生产者和分配者的角色是可以分离的，主张将公共产品生产者的角色从传统合一的格局中分离出来，转交给政府之外的私人组织、志愿组织甚至是个人，多元化的参与途径以及参与程度上的不同，决定了公共产品多元化供给的方式是灵活多样的[①]。基于现代公共管理的这一理论，本书将储备主体进一步划分为储备投资主体和储备管理主体，分别进行论述。

① 李德民，潘震．公共产品多元化供给背景下的政府职能［J］．长春工业大学学报（社会科学版），2010，22（1）．

第一节　储备投资主体多元化

一、投资主体

投资主体指从事投资活动，具有一定资金来源，享有投资收益的权责利统一体。投资主体拥有投资决策权，同时承担政治、法律、社会道德等风险，并享受收益权，包括营利性的收益和非营利性的收益。投资主体的实质是经济要素所有权在投资领域的人格化。

投资主体，既可以是政府机构也可以是企业等其他经济实体，既可以是法人也可以是自然人。投资主体的投资行为受不同投资主体投资动机支配，而不同投资主体的投资动机又不尽相同。一般地，可将投资主体分为政府投资主体、企事业单位和其他社团机构投资主体、个人投资主体。

政府投资主体又可分为中央政府投资主体和地方政府投资主体。政府投资主体的投资动机应符合社会整体利益，主要是从国民经济和社会发展全局、长远出发，旨在促进社会稳定、经济繁荣、充分就业、物价稳定等。政府投资主体的资金来源主要是政府财政预算收入，也有一部分是来自资本市场的收入。其中，政府预算收入主要是税收，它具有无偿性和相对固定的特点。资本市场的收入是政府投资资金的重要补充，主要是通过政府发行债券筹措到的资金。政府投资主体的资金运用方式主要包括三种形式：一是政府无偿投入，主要是一些对整个社会发展产生重大社会效益的投资项目；二是财政投资贷款，主要是通过贷款及其利息优惠政策支持有关产业和领域的发展；三是参股或控股，根据有关产业政策和投资政策直接参与投资经济决策，引导社会投资流向。

企事业单位和其他社团机构作为独立的经济实体均可作为投资主体。企业投资主体包括各种所有制企业和各种类型企业的投资主体，根据其所处的市场环境做出投资决策，通常以追求财务收益最大化为主要投资动机。企业投资主体的资金既可以是通过自我积累取得的内部自由资金，也可以是通过发行债券、向银行贷款等方式取得的外部资金。事业单位或其他社团机构作为投资主体，其投资动机与企业投资主体有所区别，一般与自身所承担的职能和定位相对应。

个人投资主体，其投资动机主要出于个人利益，是为满足投资者的个人消费和获利的需要。资金来源可以是其个人或家庭收入，也可以是借贷资金，与政府和企业投资主体相比，个人投资主体具有范围广、数额小、灵活性强等特点。

二、储备投资主体

对储备而言，储备投资主体是指具有一定的资金来源，为实现特定目标出资进行储备投资。长期以来，资金问题一直制约着我国储备的发展。当前我国城镇化和工业化加速发展，很多重要产业和领域对资金的需求量十分巨大，有限的财政资金无法更多地投向储备，为此储备必须努力拓宽资金来源渠道，增强储备发展后劲。在争取资金的过程中，有人甚至对储备存在必要性和合理性提出质疑，但历史经验告诉我们，储备在我国经济社会发展中“蓄水池”和“缓冲器”的作用毋庸置疑，同样也将在应对当前我国经济社会发展面临的各种风险和挑战中发挥积极作用。本书讨论储备的投资主体问题主要是为解决由谁来建立储备，资金从何渠道获取，其实质是一国储备体系参与主体组织模式的选择问题。

根据国内外储备发展实践，储备可以官办也可以民办。所谓官办，是由国家机器直接举办并拥有储备的所有权，开展储备所发生相关费用由国家财政保障。所谓民办，是由有意愿参与储备的企业、社会机构、个人或家庭出资建立储备，储备物资的所有权一般归属于储备物资的持有者，国家可通过一定方式进行调用。总的来看，根据储备投资主体在国民经济中的地位和层次，储备投资主体包括：政府/军队、企业/机构、个人/家庭。

（一）政府/军队

1. 政府

政府是建立储备的主要投资主体。政府投资建立储备主要出于两点考虑：一方面，商品成为储备物资后将暂时退出流通领域，势必需要占压大量资金，这是市场主体所不愿意承担的，但从整个国民经济稳定运行的角度进行储备又是必要的，为防止重要商品发生供应中断，保持国民经济的持续平稳运行，国家不得不承担起投资储备的角色。另一方面，当国家安全受到威胁，特别是处于战争时期，依靠市场进行资源配置可能出现市场失灵，无法保障紧急状态下物资供应，此时政府通过国家储备手段进行干预，有利于保证紧急状态下重要物资供应和生产生活的有序进行。

政府作为投资主体建立的储备称之为政府储备。政府储备是指由政府出资建立、维护并直接控制的物资积累行为或策略。政府作为储备投资主体，并不意味着所有工作均由政府完成，为节约资金提高效率也可以整合利用社会资源，既可以成立相应部门独立完成储备运作，也可以委托社会企业或机构完成有关储备工作。例如，为了节省开支，美国政府租用企业、农民仓库完成储备，或直接将储备交由企业和农民代储。这是关于储备管理主体选择的问题，本书将在后面章节进行论述。

2. 军队

军队作为储备投资主体投资建立军队储备。军队储备是军队投资建立并直接掌管的、为应付临战急需所做的物资准备，通常分为战略储备、战役储备和战术储备。战略储备是为保障战略行动和在全军范围内实施重点支援的需要而进行的物资储备，通常由军队总部负责组织实施，用于满足进行战略支援的部队对武器装备、弹药、技术器材、食品和被服等需求。战役储备是为保障战役作战任务需要而预先进行的物资储备，通常由战区（军区）、战役军团按规定组织实施，用于保障本战区的作战行动和其他意外急需。战术储备是为保持经常的战斗准备或根据完成一定战斗任务的需要而预先进行的物资储备，通常由师以下部队按规定组织实施包括武器、车辆、弹药、油料、给养、被装、药材、维修零部件等①。

军队投资建立储备的出发点主要包括两个方面。第一，高消耗是现代战争的显著特点，建立科学合理、保障有力的储备是保障打赢的重要物质基础，也是衡量军队战备水平和现实战斗力的重要指标。第二，军队承担着应对各种突发事件、抢险救灾、支援国家经济社会建设等战略任务②，尤其是近年来军队所承担的抢险救灾、处突维稳等非战争军事行动日趋频繁，而在开展非战争军事行动中

① 李英成，施旭中．论军队储备物资的管理［J］．军事经济研究，1996（6）．

② 国防部．《中国的军事战略》白皮书［EB/OL］．中华人民共和国国防部网站，http：//www.mod.gov.cn/regulatory/node_ 47121.htm，2015.

也同样需要保有一定规模的物资储备，这部分储备是国家和地方储备的补充。

（二）企业/机构

企业或机构也是储备的重要投资主体，通常是为实现一定目标或根据法律规定投资建立储备。特别说明的是，作为储备投资主体的储备机构一般是介于政府和企业之间，不以盈利为目的并承担着特定使命，这种使命可能是政府赋予的，也可能是民间自发形成的，活动范围可能局限在某一区域或国家，也可能是跨区域或跨国的。企业或机构投资建立储备的动机有主动和被动之分。企业或机构主动投资建立储备一般由企业或机构的运营管理目标所决定，被动进行储备一般是根据法律的规定。

对企业而言，其投资建立储备主要是为了应对上下游产品市场大幅波动，提高企业抗风险能力和盈利能力，保证企业稳定运行，具体做法是在正常库存基础上追加额外库存，此类储备也称为企业商业储备。企业商业储备可以通过一定的制度设计纳入整个国家储备体系当中，但往往需要给予一定的优惠政策。例如，2011 年内蒙古自治区为更好地开展羊毛、羊绒市场的宏观调控，维护相关牧民和企业的利益，实施羊毛羊绒储备计划。为此，中国农业发展银行立足内蒙古自治区农牧业资源实际，累计投放信贷资金 16 亿多元，支持相关企业建立储备。这一措施，一方面扩大了企业资源储备，提高了企业应对资源短缺的能力，另一方面也可以让政府相关财政部门对内蒙古全年整体羊绒羊毛吞吐量有一个很好的掌控，以便及时出台相关宏观调控政策。

企业在追求经济利益的同时必须履行一定的社会责任。《中华人民共和国公司法》第五条规定“公司从事经营活动，必须遵守法律法规，遵守社会公德、商业道德，诚实守信，接受政府和社会公众的监督，承担社会责任”。企业为履行社会责任根据法律规定建立的储备称之为社会责任储备，也可称为企业义务储备。2015 年，国家发展改革委印发《关于加强原油加工企业商业原油库存运行管理的指导意见》，规定“所有以原油为原料生产各类石油产品的原油加工企业，均应储存不低于 15 天设计日均加工量的原油”，上述规定确立了我国原油义务储备制度。法定库存不是企业自觉自愿出于经营或商业目的而保持的商业库存数量，而是依法对国家尽义务所应保有的最低库存量[①]，属于政府规制的范畴。

企业义务储备的叫法相对更为普遍，但随着我国社会责任意识加强，社会责任储备逐渐替代了义务储备，并出现在有关文件当中。2016 年国务院发布了《盐业体制改革方案》，首次在国家层面文件中使用了企业社会责任储备，提出要“完善食盐储备体系，建立由政府储备和企业社会责任储备组成的全社会食盐储备体系”。

对机构而言，其建立储备一般出于机构本身的职能定位。例如中国扶贫基金会在开展灾害救援时建立的救灾物资储备；又如国际能源组织建立的石油储备也可归入此类。出资建立储备的有关机构，一般是由法律授权设立的公共机构，介于政府和企业之间，代理政府管理部门行使有关储备管理职能，最典型的代表是日本的“石油天然气金属矿业机构”。

企业/机构作为储备投资主体，其优势在于它们直接从事生产、流通活动，一旦运用储备政策可直接对生产、消费环节产生影响，效果更加明显。同时，企业/机构直接面对消费者，更了解市场需求，能够保证储备的有效性，且可以将储备轮换与企业生产经营相结合，确保储备及时轮换，尤其是适用于那些储存期限短、易变质的储备物资。另外，鼓励和吸引企业/机构参与储备投资，可以减轻国家在储备投入方面的资金压力，有效利用社会闲置资源。

（三）个人/家庭

很多储备物资与个人或家庭消费密切相关，例如黄金、铂金等稀贵金属就是首饰装饰常用的材料，而救灾物资中的食品、饮用水等也都是家庭生活中必不可少的商品，这就使得个人或家庭作为储备物资的持有者成为可能。当重大突发事件发生时，个人或家庭可利用自身持有的储备进行消费满足基本生存需要，如果国家需要也可以作为国民动员手段进行征集调用。

例如，1997 年亚洲金融危机爆发，迫使除港币之外的所有东南亚主要货币在短期内急剧贬值，东南亚各国货币体系和股市面临崩溃，并由此引发大批外资撤逃和国内通货膨胀加剧。在这场危机中，韩国的经济也受到了重创。1997 年 11 月 11 日，当天韩国的外汇存底只有 38.4 亿美元，两周后需要偿还的外债就达

① 法定库存，是国家为这些特定行业制定的市场准入规则之一。

100亿美元。此外，当时韩国还必须从外国输入生活必需食粮，一年也需要120亿美元。为了化解危机，韩国国民将手中持有的黄金兑换成政府债券或当地货币，国家将收集的黄金直接作为储备，或换成美元用于支付外债，或用于干预经济，以支持本国岌岌可危的货币①。因此，个人/家庭作为储备主体是指，可将那些与生活密切相关的，且需要进行一定储备的物资分散到民间，由个人或家庭保有，当然适合个人/家庭储备的物资品类很有限，比如贵金属、粮食等。一旦需要可通过国防（经济）动员体制实现调用，也即所谓的"藏储于民"。

上例中的黄金和其他有关稀贵金属是个人或家庭进行储备的典型物资，随着国民的收入和生活水平的提高，人们对这些商品的购买倾向会提高，民间的持有量也会相应增加。然而，对于食品、饮用水等基本生活物资而言，随着国民生活水平的提高以及现代物流的日益便捷，这些物资在个人或家庭中的保有量越来越少。为此，政府可进行适当的宣传引导，提高适宜个人或家庭储备的重要物资的保有量。很多国家将个人或家庭应对重大突发事件时常用的生活必需品按一定时间的使用量集合成包发放给民众。例如，日本每个家庭都有"备灾应急物品袋"，内装食品、饮用水、常用药品和器械等。欧美很多家庭也备有类似的急救包。

为了便于区别上述四类储备投资主体各自的优势、作用，特将其汇总于表5－1。

表5－1　不同储备投资主体

主体	特点	示例
政府/军队	资金投入大；组织有序，保障有力；运行成本高，管理效率低	战略物资储备；军用被服、成品油、弹药、枪支等
企业/机构	资金投入较少，管理费用低；处于生产或消费环节，便于轮换更新和投放；监管难度大	国家煤炭应急储备、羊毛储备、化肥淡季商业储备等
个人/家庭	资金投入少；用户直接持有，节省投放时间；持有总量较少，征集难度大	金条、急救包等

① 肖磊．黄金投资中的稳赚与巨亏［N］．中国报道，2010－12－01.

总体来看，储备主体组织模式的选择需要根据本国国情和现实需要而定，大部分国家都倾向于选择官民结合的储备模式。这是因为大规模的储备需要巨额资金投入，但由于储备使用的不确定性，可能产生大量沉没成本，因此一国政府更希望将有限的资金投入到更能显著拉动国民经济和社会发展的其他事业中，而社会上拥有大量闲置仓储资源（如仓库、运输设备设施等），同时部分企业或机构出于追求某些特定利益有意愿参与国家储备，这就使国家储备整合各类社会资源成为可能。为鼓励和推动民间储备，政府应当建立健全相关法律法规，确立民间资本在国家储备中的合法权利和义务，同时要积极扶持和引导，利用财税优惠政策鼓励和吸引更多市场主体投入到国家储备中。

三、储备投资主体的资金渠道

不同的储备投资主体的资金来源各不相同，可以是财政资金，也可以是企业自有资金或借贷资金。本书讨论储备的资金来源问题，主要是为了弄清各种资金来源的特点及在储备投资中的作用和地位。

（一）财政资金

财政资金，是国家运用价值形式参与社会产品分配，形成归国家集中或非集中支配，并用于指定用途的资金。财政资金的征集和拨付主要是采取无偿分配，部分地采取国家信用的方式。财政资金是政府及其所属机构直接掌握支配的资金，是国家履行职能进行各项活动的财力保证。

1. 财政资金分类和国家物资储备支出

国家财政支出可根据不同财政功能、支出用途、经济性质以及支出产生效益的时间进行分类。按财政功能（或国家职能）可将财政支出分为经济建设费、社会文教费、国防费、行政管理费和其他支出五大类。从支出用途，可按社会总产品的静态价值构成将财政支出分为补偿性支出、积累性支出和消费性支出。从社会总产品动态再生产的角度，可将财政支出分为投资性支出和消费性支出。按财政支出是否与商品和服务相交换为标准，可将财政支出分为购买性支出和转移性支出。从财政支出所产生收益的时间可将财政支出分为经常性支出和资本性支出。

国家财政用于国家物资储备的支出可根据财政支出的上述分类方法归入不同

类别。按财政功能的分类方法，国家物资储备支出一般归入经济建设费中，军队战备储备一般归入国防费中。按社会总产品的静态价值构成的分类方法，国家物资储备支出可归为积累性支出。按社会总产品动态再生角度的分类方法，国家物资储备支出可归为投资性支出。按财政支出是否与商品和服务相互为标准的分类方法，国家物资储备支出一般归为购买性支出，以财政补助形式支出的部分可归为转移性支出。按财政支出产生收益时间长短的分类方法，国家物资储备支出可归入资本性支出，对于国家直接举办的储备机构的行政管理等费用可归入经常性支出。明确国家物资储备支出在财政支出中的不同分类，有助于更好地理解国家物资储备支出的资金性质和特征。

2. 国家物资储备财政资金支出形式

（1）财政直接投资。国家储备项目属于公益性、基础性投资项目，具备公共产品的主要特征，具有公用性、非独占性和不可分割性，一般建立储备所需的资金巨大，储备项目投资回收周期长，在没有任何经济利益引导的情况下一般市场主体参与意愿较低，因此适宜财政直接投资。对于国家直接举办储备运营管理机构的储备模式，国家储备财政支出主要包括两个方面：一是购入储备物资或弥补出售储备物资的价格损失所发生的资金支出，此类支出为积累性、投资性支出；二是保证储备运营管理机构正常运转所发生的人员经费、公用经费等，此类支出属于消费性、经常性支出。

（2）财政补贴。财政补贴是财政资金的转移性支出，是通过影响被补贴对象的价格结构，从而改变资源配置结构、供给结构和需求结构的政府无偿支出，在有效贯彻国家经济政策、带动社会资金扩充财政资金经济效应、稳定社会经济等方面具有重要意义。用于国家储备的财政补贴一般包括三种形式：一是投资补助资金，它是政府为了贯彻与储备相关的宏观经济政策或实现调控目标投入的导向性资金；二是成本费用补贴，主要针对储备主体开展储备活动发生的相关成本费用，包括专项补贴、财政贴息等；三是税收支出，实际也是财政补贴的一种形式，主要通过对承担商品储备业务的企业实施税收减免，例如《关于部分国家储备商品有关税收政策的通知》（财税〔2016〕28 号）对储备商品税收减免政策做出了安排。

（3）财政投融资。财政投融资是以国家的制度、信用为基础，以邮政储蓄、年金等各种公用资金为来源，为实现国家的政策目标，并从国家整体的角度，对应由受益者负担的领域，有偿、统一、有效地分配资金的政府投融资活动①。财政投融资既体现了政府政策取向，又按照信用原则运营，形成了对企业和商业银行投资的诱导机制，填补了财政无偿投资和商业金融投资的空白，是政府投资基础性、公益性项目的有效途径。我国于 1994 年成立了中国国家开发银行、中国农业发展银行、中国进出口银行三家政策性银行，其资金来源于政府资金和市场资金，其中政府资金主要是财政借款、财政贴息和税收减免。

国家储备可通过政策性银行取得专项资金，支持储备工作的顺利开展。储备专项资金数量根据储备品种和储备规模由国家立法确定，用于支付储备物资贷款利息、储运管理费用、弥补储备物资吞吐和轮换过程中的亏损。资金主要来源可以是财政预算、部分外汇储备、储备物资使用税（如对原油、成品油、天然气以及液化天然气征收石油税，对稀有金属矿产征收矿产税等）、储备轮换过程中的价差盈利收入等。

以中国农业发展银行为例，该行承担着向国家粮棉油储备提供政策性贷款作为收购资金的职责，并采取库贷挂钩、封闭运行管理的方式运作，具体要求和内容是严格监控粮棉油收购、调销、储备各环节的资金运动，实行购贷销还、钱随物走、钱物结合，确保信贷资金运动与粮棉油商品运动在方向上一致，在价值上相符，不发生新的亏损挂账和其他挤占挪用，并通过不断清收企业不合理贷款占用，消化财务挂账，使库存值占贷款的比例不断提高②。

（二）民间资本

近年来，我国不断放宽对非公经济的限制，加强对各类民间资本的鼓励和引导，民间资本实力不断扩大。2005 年国务院发布《关于鼓励支持和引导个体私营等非公有制经济发展的若干意见》（也称“非公经济 36 条”），放宽非公经济市场准入。2010 年 5 月发布的《国务院关于鼓励和引导民间投资健康发展的若干意见》（也称“新 36 条”），进一步拓宽民间投资的领域和范围。2012 年工信部、铁道部、商务部等多部委引导性政策密集出台，以此调动民间资本的积极

---

① 陈洪．财政学（第五版）［M］．北京：人民大学出版社，2007：149.

② 中国农业发展银行．中国农业发展银行粮棉油贷款与库存值挂钩、封闭运行管理办法［Z］．1998－08－05.

性，鼓励和引导民间资本进入基础产业和基础设施建设、公用事业、社会事业等领域。目前，非公经济已经成为我国经济社会持续快速发展的重要推动力量，对GDP的贡献率超过60%。统计局数据显示，2017年我国民间投资381510亿元，占全部投资的比重达60.4%。

在储备领域，面对发展中资金投入不足、运行管理效率偏低等问题，各储备管理部门一直在积极探索储备整合利用各种社会资源的方法和路径，鼓励和引导各类民间投资主体参与国家储备建设，为国家储备注入了新的生机和活力。早在2004年，国家发改委、财政部发布《中央储备粮代储资格认定办法》，明确规范中储粮总公司所属企业以外各类组织代储中央储备粮的资格认定条件，为中央储备粮有效利用社会储粮库容提供了重要制度保障。2010年"新36条"刚刚发布后不久，六家民营企业在国家石油储备中心组织的利用社会库容存储国储油的资格招标中成功中标，成为国家石油储备向民间资本敞开重要里程碑。此外，2014年6月国务院办公厅印发的《能源发展战略行动计划（2014～2020年）》也提出，鼓励民间资本参与储备建设，建立企业义务储备，鼓励发展商业储备。总体来看，民间资本主要有以下几种形式：

1. 经营型民间资本

经营型民间资本指民间法人投资和个人投资的实业资本，具体包括集体、联营、个体、私营、非国有股份制五种经济类型的企业实体。改革开放以来，民营经济不断发展壮大，广泛分布在制造、建筑、运输、商贸和服务业等领域。近年来，随着民营资本的进一步发展壮大，其在重化工、基础设施、冶金电力等行业投资规模动辄数十亿元的企业不乏其数，生产制造能力不断提升。

鼓励和引导经营型民间资本参与国家储备，就是要用好各类实业资本拥有的庞大企业资金、设施设备、生产规模等资源和能力，利用法律、政策等手段吸引实体资本投资储备基础设施建设，扩大合同储备，鼓励和引导重要领域企业商业储备，适时推动社会责任储备。以石油商业储备为例，2007年6月，储能达116万立方米的中石油铁岭商业储备库正式开工建设。一石激起千层浪，中石化、中化、中海油等国有石油企业也竞相在全国布局原油商业储备库，推动了我国原油商业储备的快速发展。

2. 金融型民间资本

金融型民间资本指居民的储蓄存款、居民持有的国库券、企业债券、股票、外汇券等各种有价证券。目前，我国金融型民间资本规模不断扩大。统计数据显示，2015 年，我国国内各部门总储蓄规模达 32.34 万亿元、债券（含国债、金融债券、中央银行债券、企业债券）11.90 万亿元、股票 0.95 万亿元①。

储蓄是金融型民间资本的重要组成部分，与投资密切相关，是经济增长动力的重要来源。长期以来，受国内居民收入差距较大、社会保障体系不健全、国有经济占比较高等因素影响，我国居民储蓄率长期处于较高水平。高储蓄必然伴随高投资，但高投资可能造成国内投资部门的过度竞争，从而压低投资效率并形成对外需的过度依赖，在经济不景气的情况下可能引起国内产能过剩，这已经被国内发展实践所验证。因此从投资的角度，政府必须更多地将经济资源引导到促进制度变革、推动技术进步和积累人力资本等方面。

国家储备利用金融型民间资本的重点是吸引国内居民、企业的储蓄，可考虑发行以特定储备商品特别消费税作为担保的长期投资债券。发行储备特别是债券是筹集储备资金的一种有效方式，一方面可以广泛地吸收社会闲散资金，有效解决储备资金来源问题，另一方面为国内居民、企业及有关组织参与国家储备提供便捷渠道。

3. 不动产型民间资本

不动产型民间资本是指民间法人或个人所拥有的并用以出租的房屋和土地等。从储存管理的角度看，储备物资既可以储存于国家举办的储备仓库中，也可由符合一定资质要求的其他各类所有权性质的仓库代储。两者各有利弊，国有储备仓库具有较强的组织性和纪律性，讲政治顾大局，但建设和运行所需的投入巨大。民间拥有的各类仓库，在管理理念和管理效率方面具有一定的优势，且无须国家进行设备设施投资，但由于其逐利性，监管方面的难度较大。

运用不动产型民间资本的主要形式是开展企业代储。我国民间仓储资源存量巨大，根据中国仓储与配送协会调查数据显示，截至 2016 年末我国营业性通用（常温）仓库面积达 9.98 亿平方米。近年来，中央储备粮、棉、糖及其他各类储

① 中华人民共和国国家统计局．中国统计年鉴 2017［M］．北京：中国统计出版社，2017.

备均尝试开展企业代储并取得良好成效，尤其是《中央储备粮代储资格管理办法》《国家储备棉代储库安全监管办法》等制度的出台进一步规范了企业代储行为。

除以上三种民间资本形式外，还有一种是现金型民间资本，主要是指城乡居民手持现金总额。由于此类资本数额小且较分散，一般无法直接用于储备投资，国家可通过发行特别债券的形式间接吸收用于储备投资。

第二节　储备管理主体多元化

一、管理主体

管理是在特定的环境下，对组织所拥有的资源进行有效的计划、组织、领导和控制，以便达成既定的组织目标的过程。管理主体是管理的基本要素之一，任何管理活动都包括管理环境、管理主体、管理对象和管理机制。

管理主体是从事管理实践活动和认识活动的组织和人员，一般由管理者和管理机构组成，其在管理活动中掌握管理权力，承担管理责任，决定管理方向和进程。从更宽泛的视角来理解，管理机构中的每个成员都是他本职工作岗位和领域中的管理主体。

管理主体是管理活动的核心要素，在管理活动中发挥着决定性作用。第一，管理主体是具体的、历史的，其性质决定了管理实践的性质。在不同的环境下，管理主体、管理机制及其方法手段有所不同。就中国而言，计划经济环境下和社会主义市场经济环境下的管理所采用的理念、方法和手段具有明显区别。第二，管理主体的能力水平、程序方法、文化内涵等都决定着管理活动的成效。因此，现代管理提倡职业经理人制，也就是让专业的人干专业的事。

管理主体可根据不同维度进行分类。根据管理主体中管理者在管理机构中的位置和层次，可将管理者分为高层管理者、中层管理者和基层管理者。高层管理者的主要职责是决策，较少关注工作细节和基层组织的活动。中层管理者将高层管理者的决策进行分解并付诸实施，其在组织中起到承上启下的作用，更多从事组织协调工作。基层管理者负责分管基层部门的具体工作，带领下属保质保量地完成作业任务。根据现代管理过程可将管理系统分为决策系统、执行系统、监督和反馈系统，各系统中相应的管理主体可称之为决策主体、执行主体、监督主体和反馈主体。决策系统是整个管理系统的核心，决策主体从全局出发，通过分析、比较做出决策。决策确定后进入执行阶段，执行主体负责制定实施方案、执行决策的各项指令。监督和反馈是管理中不可缺少的环节，使整个管理系统成为闭环，监督和反馈主体对组织活动进行监督，将执行情况和问题反馈到决策系统。

二、储备管理主体

储备管理主体是从事储备管理实践活动和认识活动的组织和人员的总称。储备管理主体是储备活动中的核心要素，在储备活动中发挥主导性、能动性和创造性。

（一）储备管理主体的特征

总体来看，无论何种类型的组织作为储备管理主体，均应具备以下基本特征。

1. 公益性

储备本身具有公共产品属性，因此储备管理主体开展储备活动时对社会价值的考量多于经济价值。这并不是说储备管理主体一定要将公益性作为组织唯一宗旨和目标，但至少要将公益性作为自身从事储备的目的之一。我们分别考察不同性质的各类储备管理主体。对于行政事业单位和有关社会公益机构，其本身的性质决定了它们开展储备的目的具有非营利性和公益（共）性。对于企业，其本身作为市场主体是以盈利为导向的，但储备活动的性质决定了储备的营利性较差。在社会代储情况下，国家拨付的相关费用主要用于覆盖成本，代储单位取得的利润十分有限，因此企业必须具备更多的公共服务意识才能做好储备工作，减少市场主体利益寻租行为。但毋庸置疑，作为市场主体的企业参与储备必然“别有所图”，集中体现在承担储备任务所获得的商誉和品牌形象方面。

2. 层次性

国家储备是一项系统性、全局性工作，涉及国民经济和社会发展的不同区域、不同领域。为了确保管理顺畅，储备管理主体的设置应当具有一定层次性。这种层次性一方面体现在储备管理主体自身纵向的管理层次，另一方面体现在各相关部门的横向层次关系。

从储备管理主体自身纵向管理层次上看，可将其分为宏观管理、中观管理和微观管理。宏观管理，也称原则管理，以储备制度设计、政策法规制定等为主要内容，重点是把握储备发展方向。我国储备的宏观管理层中，党中央、国务院是最高决策层，国家发展和改革委员会是主要辅助决策部门。中观管理，主要是目标管理和体系管理，重点是保证整个储备体系运行顺畅高效。我国储备中观管理部门主要是政府各储备主管部门，如国家粮食和物资储备局。微观管理，是以宏观管理决策为导向，按照中观管理确定的目标和要求进行具体执行和操作，重点是工作质量控制，如各储备物资管理局、中国储备粮管理总公司等。

从储备管理主体涉及各部门的横向层次上看，所有相关部门共同构成了国家储备管理组织结构系统，包括各储备管理部门、防灾减灾部门、军队系统、工商系统、道路交通部门等。做好横向储备管理主体管理，关键是要明确各相关部门权责，确保政令顺畅，各部门有序衔接。

3. 专业性

术业有专攻，储备管理主体必须熟悉储备管理过程中的相关业务，通过专业化管理实现储备管理目标，一般包括以下两方面目标。

一是效率。我们知道，储备的基本功能是防风险，而风险具有不确定性和突发性，这就对储备管理主体的硬软件实力提出了较高要求，以确保科学管理、及时响应。以微观储备管理主体为例，应当拥有实施储备所需的场地、检验检测、装卸搬运、储存保管、应急处置等相关设备设施，熟悉所管理储备物资的理化性质和保管要求，并能够科学制定储存保管方案，具备相关经营管理资质和一定数量具有专业素养的人才队伍，从而确保储备管理主体能够高效完成相关储备活动。

二是安全。储备物资是政府应对各类风险的重要物质保障，因此政府及相关管理部门高度重视储备物资的储存安全，而专业储备管理机构一般具有健全的规章制度，管理规范，注重塑造自身良好品牌形象和信誉，能够确保储备物资储存安全、数量准确。基于这一点，储备实践中，储备管理部门在选择储备承储主体时更倾向于“国字头”的单位。此类单位一般具有较强好的软硬件条件，且具有较强的组织性和纪律性，在执行急、难、险、重任务时具有高度的政治意识和社会责任。例如，《中央储备粮代储资格管理办法》中规定申请中央储备粮代储资格的企业应当“具有独立法人资格的国有独资或国有控股企业”。当然，这并不是说一般社会企业不可靠，随着社会主义市场经济的不断发展和完善，储备管理主体的多元化趋势更加明显，将会有越来越多的社会企业和相关机构参与到储备体系建设当中。

基于专业化的考虑，储备管理主体一般选择了解某类储备物资所在行业的相关组织，包括行业主管部门、相关企业和社团组织等。以原油储备为例，其宏观层面的管理主体为国家能源局，中观层面的管理主体为国家石油储备中心，微观层面的管理主体为中石油、中石化、中化、中海油等大型油企以及符合要求的民营石油企业。

（二）储备管理主体的构成

目前，我国储备管理主体以行政事业主体为主导，但主体多元化发展趋势基本形成。随着社会主义市场经济的确立和发展完善，传统计划经济体制下国家全面主导的社会关系，逐渐转变为市场经济条件下国家与社会相互作用的社会关系，不同社会主体之间的交融和联系更加紧密。我国“十三五”规划纲要指出，改革完善粮食储备管理体制和吞吐调节机制，要“引导流通、加工企业等多元化市场主体参与农产品收储”。《关于2016年深化经济体制改革重点工作的意见》提出，要“建立健全中央储备与地方储备、政府储备与商业储备互为补充的储备制度”。在上述政策精神的引导下，我国储备必将进一步统筹和吸引各类社会力量参与储备，加快形成储备管理主体多元化发展格局。本书根据参与储备的各类组织的属性进行分类，认为我国储备管理主体应包括行政机关、事业单位、企业和社会组织四类。

1. 行政机关

行政机关是指中国政府负责储备管理的相关行政部门，也是开展储备活动的核心管理主体，其核心地位主要体现在以下两方面：一是储备宏观管理一般由行政机关负责，行政机关通过制定储备领域重大政策、决策及法律法规决定储备发展方向、体系架构和运行规则，并负责维护和监督整个储备体系的正常运转。二是行政机关是开展储备所需经费的主要提供者。储备的公共产品属性决定了政府是储备的主要供给者，其他管理主体虽然也可以作为储备供给者，但其规模数量远远无法满足国家需要。

行政机关是储备宏观管理的公共权力机构，在储备管理中的主要职能是领导、监督和协调，具体职责主要包括以下几个方面：一是完善顶层设计，制定储备发展战略、规划、法律法规及有关政策文件，为储备发展营造良好制度环境；二是密切监测影响储备决策相关因素，并据此进行储备品种、规模、布局、收储、轮换、动用、设施建设等相关决策；三是统筹人财物等相关资源，组织实施储备相关政策、决策，并对实施过程和效果进行监督检查；四是结合储备发展需要，研究制定相关财税、金融、交通运输等政策。

为进一步推动政府职能转变，重塑政府和市场的关系，近年来我国政府通过简政放权、放管结合、优化服务（简称“放管服”改革）三管齐下，助推全面深化改革不断深入。各储备管理部门深入贯彻“放管服”改革要求，分别针对本部门实际提出相关举措，例如，国家发改委根据国务院会议部署取消国家储备糖和储备肉交易服务价格政府定价；国家粮食和物资储备局为进一步简政放权和激发粮食收购市场主体活力对《粮食流通管理条例》中有关内容进行修订；国家发改委、财政部将救灾农药储备管理相关职能委托给供销总社。2018 年 6 月，国务院组织召开“全国深化‘放管服’改革转变政府职能电视电话会议”，对“放管服”改革做出进一步安排部署。各储备管理部门要认真贯彻会议要求，加快转变观念，理顺储备与市场关系，减少对储备物资储存保管等微观事务管理，强化决策、监管、储备法制建设等管理职能，提升储备在应对突发事件、维护国家安全等方面的公共服务水平。

2. 事业单位

根据《事业单位登记管理暂行条例》规定，事业单位是指国家为了社会公益目的，由国家机关举办或者其他组织利用国有资产举办的，从事教育、科技、文化、卫生等活动的社会服务组织。《事业单位登记管理暂行条例实施细则》在前述定义的基础上进一步详细列举了事业单位所从事的众多领域，如体育、新闻出版、广播电视、社会福利、救助减灾、统计调查、技术推广与实验、公用设施管理、物资仓储，等等。

事业单位是政府实施公共管理和提供公共服务的重要载体。从事业单位的形成来看，事业单位一般由国家机关举办并接受国家机关的领导，能够较好贯彻国家机关下达的有关政策和指令。从事业单位存在的目的看，事业单位不以盈利为主要目标，而是以完成特定社会公益或社会责任为使命，具有较强的社会责任意识。从事业单位的能力来看，事业单位通过行政方式进行资源配置，设备设施配置完善，人员队伍专业化水平较高，具备提供优质公共服务资源条件。

在储备领域，事业单位是我国储备管理主体的重要组成部分，主要角色是作为储备生产者，根据储备行政管理部门授权承担相应管理职能，主要是各类事业单位性质的储备基地（中心）。储备基地（中心）一般为储备行政管理部门的法人实体，主要负责储备物资的储存管理和日常维护。我国储备体系中国家粮食和物资储备局下辖的储备仓库、中央和地方救灾物资储备仓库均为事业单位。

国家储备公益性和战略重要性决定国家必须在关键时刻掌握储备的调配权，这也决定了这些事业性质的储备管理主体存在的必要性和重要性。毋庸置疑，储备仓库等事业单位在我国储备事业发展中发挥了重要作用，尤其是在承担急、难、险、重任务时表现出高度的政治担当和良好的专业能力。例如：2008 年 5 月 12 日，四川汶川发生特大地震，造成国家和人民生命、财产的巨大损失。地震发生后，党中央、国务院高度重视，胡锦涛、温家宝等中央领导同志对抗震救灾做了重要指示，救灾物资储备仓库、国家物资储备仓库等单位紧急出库救灾帐篷、食品、成品油等物资，同时地处汶川附近的国家物资储备仓库接转救灾物资近 100 万件，为抗震救灾工作提供了强大的物资和物流支持，对于灾区尽快恢复正常生产和生活秩序起到了重要作用。

事业单位作为储备管理主体，在储备实践中也暴露出一些缺点。大部分事业单位性质的储备仓库沿袭了原有计划经济时期形成的管理体制框架，内部各项管理制度大多参照上级行政管理部门，行政化倾向突出，普遍存在定位不清、权责不明、效率低下、人浮于事等弊端，政事不分、管办不分、机制不活等突出问题。

近年来，党中央国务院高度重视事业单位改革工作，2011 年开启了新一轮事业单位改革，相继印发《关于分类推进事业单位改革的指导意见》及相关配套文件。习近平同志在党的十九大报告中强调，深化事业单位改革，强化公益属性，推进政事分开、事企分开、管办分离。党的十九届三中全会审议通过的《中共中央关于深化党和国家机构改革的决定》，对加快推进事业单位改革作出进一步全面部署。各储备行政管理部门及其所属事业单位，要深入贯彻党中央、国务院关于事业单位改革相关文件和会议精神，一方面要深化储备仓库等事业单位收入分配、社会保障、经费保障等制度改革，完善事业单位法人治理，激活事业单位自身发展的内生动力，提高服务储备能力。另一方面储备行政管理部门要进一步完善所属事业单位管理体制，创新监管模式，加大监督管理力度，更好发挥各类事业单位推动储备改革发展的积极作用。

3. 社会组织

政府组织、市场组织和社会组织是构成现代社会的三大组织体系。在我国，社会组织一词经常与人民团体、社会中介组织、民间组织、非营利组织等词混用。2004 年 3 月，中共十届全国人大二次会议的政府工作报告中首次正式使用“社会组织”一词。社会组织，是指为了实现特定的目标而有意识地组合起来的社会群体，是在政府、市场之间发挥服务、沟通、公证、监督等作用的非政府组织、非营利组织、公民社会、慈善组织等①。

社会组织一般具有公益性、独立性、自愿性等特征。公益性是指社会组织的宗旨是为社会提供公益性服务，不以盈利为目的。公益性是社会组织的本质特征之一。但并非其所提供的服务为无偿服务，通常社会组织可以根据服务内容合理收取费用，以维持自身的生存发展。独立性是指社会组织独立于政府和企业之间，不受经济利益和政府意志的影响，能够在法律法规以及组织规则的约束下独立自主地开展活动。当前，中国社会结构正处于转型的特殊时期，很多社会组织尚未完全独立于政府之外，半官半民，呈现出社会角色多重性的特点。自愿性是指社会组织的形成往往是基于组织成员的共同信念和目标，自觉自愿地开展活动和行为。

社会组织在管理体制、组织结构、活动方式上具有较大弹性，相比政府和企

① 丁显洋．组织社会学（第二版）［M］．北京：中国人民大学出版社，2009.

业具有更大的灵活性和适用性。改革开放以来，我国社会组织经历了一个从无到有，快速发展的过程，在促进经济发展、繁荣社会事业、创新社会治理、扩大对外交往等方面发挥了积极作用，成为我国社会主义现代化建设的重要力量。数据显示，1988 年民政部登记的社会组织仅 4400 多个，而到 2016 年底，据民政部发布的《2016 年社会服务发展统计公报》显示，全国共有社会组织 70. 2 万个，其中民办非企业单位 36. 1 万个，基金会 5559 个。

随着我国政府由全能政府向有限政府的转变，社会组织是作为我国储备管理的新兴主体，发挥着越来越重要的作用。社会组织参与国家储备体系建设，是政府和市场的有益补充，对于降低全社会储备成本，提高储备管理效率和公共服务水平大有裨益。社会组织作为储备管理主体可能承担以下一项或多项职能：

（1）充当政府和社会的中介桥梁，及时反映社会储备需求，提出储备相关政策建议。社会组织一般具有较强的专业性，专注于特定社会领域，并对该领域发展变化情况有着深入了解。目前，参与国家储备管理的社会组织主要包括重点行业的行业协会、具有救灾备灾职能的社会团体和基金会等。例如，参与国家煤炭应急储备的中国煤炭工业协会，承担煤炭市场监测预警和信息支持，负责收集电煤生产、消耗、库存情况，分析趋势，提出应急储备建议，协助做好相关工作。

（2）汇集民智民力，为扩大社会参与储备体系建设提供有效的组织途径，对财政资金起到良好的补充。鼓励和引导社会资源参与国家储备是我国储备的政策导向。但不同社会主体的数量以及持有的资源形式、规模等千差万别，政府不可能完全覆盖，而社会组织在法律法规和自身规则约束下承担公共责任，开展公共事务管理，是政府之外最重要的公权力行使主体，并作为受托人对不同社会主体捐赠的资金、物资进行管理和使用。例如，各类重大自然灾害发生后，国内外各种社会组织（含非营利组织）发挥了巨大的资源整合和汇聚作用，通过直接捐赠或募捐为救灾和灾后重建提供大量物资和资金，发挥了积极作用。近年来，随着公民慈善意识的提高，我国慈善捐赠的上升势头显著，2016 年我国共计接收国内外款物捐赠 1392. 94 亿元，其中企业捐赠 908. 20 亿元，个人捐赠 293. 77 亿元，社会捐赠流向基金会和慈善会系统合计占到全年捐赠总量的七成以上[①]。

---

① 皮磊 . 2016 年全年捐赠总额达 1392. 94 亿元［N］. 公益时报，2017 - 11 - 07.

（3）根据自身宗旨和目标，建立并管理储备，弥补政府和市场的储备供给不足，并通过专业化管理和灵活性制度安排优化资源配置效率。在我国，很多基金会和慈善机构根据自身定位主动建立储备，其中中国扶贫基金会、中国红十字会等社会组织为更好开展备灾救灾建立了较为完善的救灾物资储备体系。以中国红十字会为例，在全国建成了 6 个区域性备灾救灾中心，15 个省级备灾救灾中心，30 多个地（市）县级备灾仓库，初步形成了中国红十字会的救灾物资储备网络，每年备灾储备物资价值达 6000 万元。

4. 企业

企业一般是指以盈利为目的，运用土地、劳动力、资本、技术等各种生产要素，向市场提供商品或服务，实行自主经营、自负盈亏、独立核算的法人或其他社会经济组织。我国对企业的分类方式较为多样。例如，根据我国颁布的《中华人民共和国公司法》《中华人民共和国合伙企业法》和《中华人民共和国独资企业法》等法律，可将企业分为独资企业、合资企业和公司。按照企业组织形式的不同，可以分为公司企业、合伙企业、个人独资企业。按照我国经济类型构成可将企业分为国有企业、集体所有制企业、私营企业、股份制企业、外商投资企业、个人独资企业等。企业的分类不一而足，本书不再一一列举。为便于分析研究，本书重点对国有企业、民营企业两个概念进行阐述。

国有企业，或称国营事业或国营企业，根据国家统计局《关于对国有公司企业认定意见的函》（国统函〔2003〕44 号）的有关解释，国有企业有广义和狭义之分，广义的国有企业是指具有国家资本金的企业，包括纯国有企业（含国有独资企业、国有独资公司和国有联营企业三种形式）、国有控股企业（含绝对控股企业和相对控股企业）、国有参股企业。狭义的国有企业，仅指纯国有企业。国有企业一般具有营利性，但不以营利性为唯一目的，通常兼具公益性，为实现国民经济的总体和长远发展或其他方面的国家和社会利益。长期以来，国有企业在推动我国经济社会发展、保障和改善民生、开拓国际市场、增强我国综合实力方面做出了重大贡献，是我们党和国家事业发展的重要物质基础和政治基础。

民营企业是我国经济体制改革过程中产生的独有概念，虽然近年在相关政策文件中广泛使用，但学术界目前尚无统一定义。总的来看，民营企业也可以分为广义、狭义两种。广义的民营企业，是所有的非公有制企业的统称。狭义的民营企业，是指私营企业和私营企业为主体的联营企业。改革开放以来，民营经济逐渐成为我国社会主义市场经济中最富活力、最具潜力、最有创造力的重要力量，对我国 GDP 贡献率高达 60% 以上。

企业是储备管理的重要管理主体，主要角色是储备的生产者。较之于行政机关和事业单位，企业作为储备管理主体有着自身的优缺点。其优点是：一方面，可以优化资源配置效率，有效发挥社会资本作用，扩大储备供给规模，减轻政府在储备方面的财政负担；另一方面，可以减少储备对行政机关和公办事业单位等的主体依赖，并可以通过企业的专业性服务、先进管理技术和灵活制度安排提高储备管理水平和公共服务效率。其缺点是：企业的营利性可能提高储备的供给成本；企业的投机性可能增加政府的监管难度并可能损害公共利益。

在储备领域，企业存在的储备管理主体的典型代表有中国储备粮管理总公司、中国储备棉管理总公司，此外还包括代储中央和地方储备物资的相关企业。需要指出的是，由于企业作为储备管理主体的前述缺点，我国储备管理实践中通常选择国有企业作为储备管理主体。例如，《中央储备粮代储资格管理办法》规定，申请中央储备粮代储资格的企业应当为具有独立法人资格的国有独资或国有控股企业。

近年来，我国政府加大对社会资本进入公共服务领域的鼓励和引导力度。2010 年，国务院印发《关于鼓励和引导民间投资健康发展的若干意见》，提出鼓励和引导民间资本进入公共服务和社会事业中可以实行市场化运作的有关领域。2015 年，国务院办公厅转发财政部、国家发展改革委、人民银行《关于在公共服务领域推广政府和社会资本合作模式指导意见》，明确提出“鼓励国有控股企业、民营企业、混合所有制企业等各类型企业积极参与提供公共服务”。各省区也相继出台政策，鼓励和支持民营企业和社会资本进入基础设施、公共事业、社会服务等领域。

对储备而言，如何引导和利用民间资本成为储备发展改革过程中面临的重要课题。有关部门应在认真研究的基础上，出台有关配套政策和措施鼓励和引导民营企业参与储备体系建设。为此，要通过政府投资补助、基金注资、担保补贴、贷款贴息等方式，进一步鼓励和引导相关行业民营企业建立商业储备；在事关国计民生和国家安全的重要领域，适时出台有关企业社会责任储备政策；加快探索和尝试储备基础设施建设、仓储物流等方面的政府和社会资本合作（PPP）模式，通过购买服务、特许经营、委托代理等方式，鼓励民营企业参与经营。

中国储备粮管理总公司概况

1998 年 5 月，党中央、国务院决定改革原有的中央储备粮管理体制，建立垂直管理的新体制，通过垂直的储存运作体系避免来自地方各有关部门对中央储备粮经营管理的影响。主要措施包括：

（1）组建中央储备粮管理总公司，受国务院的委托，具体负责中央储备粮的经营管理，在国家宏观调控和监督管理下，依法开展业务活动，实行自主经营、自负盈亏。

（2）在全国设立 14 个中央储备粮管理分公司，隶属中央储备粮管理总公司，根据总公司的授权，负责管理辖区内的中央储备粮和中央直属粮库。

（3）通过划转上收一定规模的中央直属粮库，由中央储备粮管理总公司下属的分公司按辖区范围管理其领导班子、财务和国有资产。

（4）中央储备粮管理总公司可根据中央储备粮的入库年限和品质情况，提出年度推陈储新计划，经有关部门批准后组织实施。中央储备粮每年轮换的数量一般为储备库存总量的 20% ~30% 。

（5）中央储备粮的保管费用补贴实行定额包干，由财政部拨给中央储备粮管理总公司，总公司通过中央农业发展银行的补贴专户按季拨付给分公司，由分公司及时足额拨给承储企业。中央储备粮的利息补贴，由财政部与中国农业发展银行直接进行清算。

（6）中央储备粮的具体储存业务，除了由中央直属粮库直接进行外，仍要继续委托地方粮库储存，但要实行资格审核制度，由中央储备粮管理分公司与承储单位签订合同，以确保中央储备粮安全。

在中央储备粮实际管理中，国家粮食局对中央储备粮负有行政管理责任，会同有关部门研究提出中央储备粮的规模、总体布局和收购、销售、进出口总量计划，会同有关部门审批中央储备粮轮换计划并监督实施，监督检查中央储备粮的数量、质量和储存安全，制定中央储备粮管理的技术规范并监督执行，指导中国储备粮管理总公司的业务。中央储备粮管理总公司（以下称中储粮总公司）正式成立于2000年，受国务院委托，具体负责中央储备粮（含中央储备油，下同）的经营管理，对中央储备粮的总量、质量和储存安全负总责，同时接受国家委托执行粮油购销调存等调控任务。总公司在国家宏观调控和监督管理下，实行自主经营、自负盈亏。

中储粮总公司的管理分为两个模式。其一是自建仓库直接管理。中储粮总公司实行两级法人、三级管理制度。总公司主业范围是：粮油仓储、加工、贸易及物流，仓储技术研究、服务，在全国设立24个分公司，人员、机构和业务覆盖全国31个省、区、直辖市，另有全资或控股的二级子公司5家。分公司根据总公司的授权委托，负责管理辖区内的中央储备粮和直属库。直属库是第三级管理单位，是独立核算、自负盈亏的法人实体，其领导人员、财务和国有资产由总公司统一管理。总公司所属的直属库达到338个。其二是社会代储。中储粮总公司除充分利用直属库存储中央储备粮外，还委托一部分地方粮库和社会仓库代储中央储备粮，并根据《中央储备粮代储资格认定办法》《中央储备粮代储资格认定办法实施细则》等相关管理办法进行严格的资格审查。

（三）储备主体多元化

随着社会自治能力的提升，社会中不同类型的组织越来越多地加入到公共事务的管理当中，具体承担着公共产品、公共服务的提供，公共管理的主体结构从封闭性逐渐走向开放性。储备管理主体也呈现出从单一走向多元的趋势。

储备管理主体多元化能够克服单一管理主体管理能力不足的问题，有助于降低储备管理成本，提高储备管理效率，优化储备相关资源配置。本书对行政机关、事业单位、社会组织、企业四类储备管理主体的主要特点和从事储备管理的基本职能进行了阐述，在构建多元化储备管理体系过程中要根据不同管理主体的特点和功能科学设计，形成主体层次清晰、业务功能互补、运作管理高效的储备管理格局。

推动储备管理主体多元化的过程中，要注重强化政府在储备管理中的领导决策作用，着力做好储备事业发展整体规划和宏观管理，努力营造各类储备管理主体赖以有效运行的制度、法律和政策环境，建立健全监督和评价评估体系。有效发挥事业单位、社会组织和国有企业在储备生产中的中坚和骨干作用，不断深化事业单位改革，加强对有关社会组织储备业务的支持和引导，进一步提高事业单位和社会组织从事储备生产的专业化水平。更好发挥民间资本在储备供给中的补充作用，鼓励和引导民营企业参与储备供给，提高储备供给质量和市场化运作水平。

三、储备管理的主要模式

（一）政府直接管理

在该模式下，政府既是储备的投资主体，也是储备的管理主体，即政府出资建立储备，承担因开展相关管理工作而发生的所有费用，通常会成立相关机构专门负责储备的运行管理，包括收储计划执行、储存保管、物资处置、监督检查、下属机构管理等相关内容，涉及的主体主要是行政机关和事业单位。

根据储备实践，政府直接管理储备一般采取"分级管理"的模式，将储备管理体系分为决策层、执行层和操作层。决策层通常是最高行政管理部门（如国务院或中央军委），对储备拥有绝对的控制权，未经允许任何其他部门无权动用储备。执行层根据决策层的指令开展相关工作，如制定储备物资采购计划、提出储备物资处置建议并根据决策层指令进行处置等。操作层则具体负责储备物资的运输、储存和维护等，一般为政府出资建立的专门从事储备物资管理的事业单位。

政府直接管理的模式主要是沿袭计划经济时期我国储备管理的做法。其优点在于，政府能够有效掌控储备物资，便于统一指挥，及时调用；组织严密，管理严格，具有较强的政治意识和纪律意识，在急难险重任务中能够发挥关键作用。缺点在于，投入的资金巨大，相关费用均由政府负担，对财政造成一定压力；存在机构臃肿、人浮于事、运行效率低下等问题。

该管理模式以原国家物资储备局为典型代表。国务院为储备管理的决策层，负责对国家发展改革委、财政部等管理部门提出的国家物资储备发展规划、年度国家储备物资收储计划等进行审批。国家物资储备局及其所属各储备物资管理局、办事处为储备管理执行层，主要负责组织国家战略物资的收储、动用、轮换和日常管理，管理国家物资储备行政和企事业单位国有资产等。各储备仓库为储备管理的操作层，主要负责国家储备物资的日常管理，根据上级指令组织储备物资出入库。

（二）政府主导，企业运作

从储备物资所有权的角度看，此管理方式下储备物资归国家所有，政府出资建立储备并承担部分管理费用，但不直接参与储备物资的管理运作，而是交由相关企业代为管理。目前，我国大部分物资储备都是采取这种模式。其中，政府主要承担储备的行政管理责任，研究提出并确定储备品种、规模、布局，审核审批储备收储、轮换、动用等行为，制定储备管理技术规范和管理制度并监督实施，监督检查承储单位储备物资管理工作等。承担储备任务的企业一般为国有企业，由国家专门设立从事储备运作，以确保国家对储备的掌控力和储备物资本身的安全，如中国储备粮管理总公司、中国储备棉管理有限公司。承担储备任务的企业通常采取市场化运作，承担政策性的储备任务仅为其自身业务的一部分，除此之外企业还根据自身实际开展企业市场化业务。

此种管理模式的优点在于，企业通过引入先进的管理理念和管理方法提高了储备运作的专业化水平，同时有助于提高管理效率，打破行政管理方式下普遍存在的平均主义“大锅饭”。此外，采取企业代储的方式有助于充分利用社会闲置的仓储资源，减轻财政在设备设施投资、储备运行管理方面的资金占用。目前我国的中央储备粮、石油储备等均采取此种模式。

（三）政府扶持，企业所有

该模式与上一模式类似，主要区别在于储备物资所有权的归属。“政府扶持，企业所有”的模式下，储备物资归企业所有，并由企业负责储备物资仓储管理，国家可在特定条件下调用。这种管理模式的优点是能够最大限度地让市场主体主动参与到储备运作之中，节省政府出资进行储备占压的资金。该模式的不足是加大了政府监管难度，企业可能在利益的诱使下在储备的数量和质量上打折扣。此外，市场的变化也可能对企业参与储备的意愿产生影响，例如某类物资市场行情火爆，供不应求，这种情况下有关生产流通企业进行储备的意愿会大大降低，而此时正是供应中断风险较大的时候。我国现有储备中，国家煤炭应急储备、羊毛储备等属于这一模式。管理实践中，企业义务储备、协议储备也可纳入这一模式的范畴。

企业义务储备是指政府根据需要，要求特定行业内企业经营过程中必须保证特定商品的库存不低于法定库存，以备国家动用。企业在不低于法定义务储备比例的前提下有权处置库存物资，无须经相关储备主管部门批准。储备主管部门主要负责相关义务储备的监督检查。2013 年国务院正式印发的《能源发展十二五规划》中明确提出“优化储备布局和结构，建成国家石油储备基地二期工程，启动三期工程，推进石油储备方式多元化。积极推进成品油应急调节储备，研究建立企业义务储备”。2015 年，国家发改委印发《关于加强原油加工企业商业原油库存运行管理的指导意见》，要求原油加工企业应保有最低 15 天的日均加工量的商业库存，首次将原油义务储备运用于储备实践。

第六章　储备客体多元化

第五章对储备主体多元化进行了论述，本章将对储备客体及其多元化进行阐述。主体和客体均为哲学术语，客体是指主体以外的客观事物，是主体认识和实践的对象。储备客体指储备的对象。储备客体多元化，就是从储备对象的存在形式、功能作用等视角进行研究，从而为优化储备对象品种、结构、规模、布局、功能提供基本参考和依据。

第一节　储备形式多元化

储备客体根据存在的形态不同可以分为有形储备和无形储备。所谓有形储备就是以实物形态存在、看得见摸得着的储备。无形储备则是以非实物形态存在的储备。无形储备可通过一定条件在预期时间内转化为有形储备。在传统短缺经济条件下，储备通常以有形的实物形态存在。然而，科技革命以来，社会生产力快速提高并创造出丰富的社会财富，正如《共产党宣言》中指出“资产阶级在它的不到一百年的阶级统治中所创造的生产力，比过去一切世代创造的全部生产力还要多、还要大”。这种变化使得物资的生产周期大幅缩短，人们可以更容易地获取所需物资。“二战”以后，尤其是近年，随着自动化、信息化水平的快速提升，现代物流发展迅速，又极大地缩短了物资流通时间。如此一来，人们可以减少部分实物储备，通过保持一定的生产能力和技术能力等无形储备实现替代。本节将具体阐述有形储备和无形储备的内涵，以及两者各自的特点和形式，以便进一步优化储备的形式结构。

一、有形储备

有形储备是指以实物形态存在的储备，其特点是便于使用和及时投放。有形储备根据事先制定的储备物资收储计划获取储备物资并存放于指定的储备仓库，当满足储备触发条件时，储备管理部门可通过行政或市场的手段，将储备物资投入生产流通环节，以便及时满足特定群体的需求，缓解短缺，稳定市场，保持国民经济和社会的稳定运行。根据储备物资的资产性质，有形储备又可分为实物资产储备和金融资产储备。

（一）实物资产储备

1. 实物资产

实物资产，系会计学术语，指具有物质形态的非货币性资产。一般表现形式包括原材料、产成品、机械设备、房屋、土地等。从会计角度进行划分，实物资产可划分为存货和固定资产。

存货是企业生产经营过程中持有以备出售的产成品或商品、处在生产过程中的在产品、在生产过程或提供劳务过程中耗用的材料或物料等，因此原材料、在产品、半成品、产成品、商品、周转材料等都属于存货范畴①。存货一般具有较强的变现能力和流动性，能够较为方便地转变为货币资金或其他资产，但不宜长期保存，因其可能因为自身质量和时效性降低等问题导致存货积压或失效。

根据《企业会计准则第 4 号——固定资产》规定，固定资产是指为生产商品、提供劳务、出租或经营管理而持有的，且使用寿命超过一个会计年度的资产。为了便于固定资产分类管理，《固定资产分类与代码》（GB/T14885—94）将固定资产分为十类，分别是：土地、房屋及建筑物；通用设备；专用设备；交通运输设备；电气设备；电子产品及通信设备；仪器仪表、计量标准器具及量具、衡器；文艺体育设备；图书文物及陈列品；家具用具及其他类。

① 黄进．中小医药流通企业存货管理策略研究［D］．贵州财经大学，2017.

2. 实物资产储备

实物资产储备，顾名思义，就是对重要实物资产进行的储备。实物资产是各类社会组织和个人开展活动的基本物质条件，我们日常生产生活中常见的粮食、能源、金属、机械设备及各类物品等均以实物资产形态存在。随着我国经济社会的快速发展，各类实物资产供需规模大幅扩大，并成为我国国民经济和社会持续发展的重要物质保障。为保证国家安全，维护国民经济和社会稳定运行，必须针对经济社会运行过程中具有较高供应中断风险的各类实物资产进行有目的的储备。

关于实物资产储备的分类，无法直接套用实物资产的分类，但可以根据物资在生产加工及流通使用过程中的存在形式对其进行分类，包括资源（地）储备、原材料或半成品储备、产成品储备。其中，资源（地）储备和原材料或半成品储备主要出于战略考虑，是确保本国国民经济和社会平稳运行，提高对外战略震慑能力的重要手段；产成品储备更多出于战术考虑，保证紧急情况下社会生产生活急需。

资源（地）储备是指占有或控制处于原始状态、未开采的资源能源，如未开采的原油、煤炭以及其他重要矿产等。资源（地）储备是各国储备的普遍形式。由于重要资源能源的稀缺性和不可再生性，资源（地）储备通常是一国为保证特定资源能源在未来更长时期的可靠供应而实施的战略举措，比较常见的是石油储备。我国资源（地）储备的提出相对较晚。20 世纪 90 年代初，我国从石油净出口国转变为石油净进口国，社会各界开始关注石油安全问题并形成普遍共识，但直到 2003 年才正式批准建立石油储备。此外，我国还探索开展了其他重要资源储备。例如，2011 年，《国务院关于促进稀土行业持续健康发展的若干意见》提出，“按照国家储备和企业（商业）储备、实物储备与资源（地）储备相结合的方式，建立稀土战略储备”。这是官方文件中首次提出资源（地）储备的概念。

原材料或半成品储备是指对一国重要行业或领域中所需的重要原料、初级产品等尚需进一步加工的物资进行的储备。与资源（地）储备相比，原材料或半成品储备节省了资源开发的生产建设周期，本身已经经过初级加工能够直接投入生产环节，转化为所需的最终产品；与产成品储备相比，原材料或半成品储备多为工农业生产中所需的中上游原料，需求广泛，保障范围更广。因此，原材料或半成品储备是目前储备的主要形式。

产成品储备是指对能够直接投入使用进入最终消费环节的产品进行的储备。相对于资源（地）储备和原材料或半成品储备，产成品储备可以直接投入使用，无须再次进行加工转化，具有更强的针对性和时效性。产成品储备品种一般针对特定情况进行选择，如抢险救灾、医疗救助等。

（二）金融资产储备

金融资产，实物资产的对称，是指单位或个人所拥有的以价值形态存在的资产，是一种索取实物资产无形的权利。根据国家统计局发布的《中国国民经济核算体系 2016》，金融资产主要包括通货、存款、贷款、股权和投资基金份额、债务性证券、保险准备金和社会保险基金权益、金融衍生品和雇员股票期权、国际储备、直接投资等。对于一国政府而言，持有金融资产储备主要为保持一定的国际收支能力、金融市场调控能力或其他特定目的。

1. 国际储备

国际储备也称国际储备资产，广义的国际储备包括自有储备和借入储备。狭义的国际储备仅指自有储备，包括外汇储备、黄金储备、特别提款权和成员国在国际货币基金组织中的储备头寸。本书提到的国际储备指狭义的国际储备。从世界经济和国家贸易层面看，国际储备发挥着国际商品流动的媒介作用。从单个国家来看，国际储备起到维持一国对外支付能力，干预外汇市场及支持本国货币汇率稳定，维护一国货币信用等作用。

黄金储备是一国货币当局持有的货币性黄金。“二战”后，布雷顿森林体系的崩溃以及各国货币与黄金脱钩，导致黄金储备在国际储备中的比重不断下降，但由于黄金被认为是一种最后的支付手段，国际货币基金组织一直将黄金列入国际储备的统计范围。

外汇储备是指一国货币当局持有的国际储备货币的总和，主要用于弥补国际收支赤字、维持该国货币汇率稳定，是当今各国国际储备中最重要的金融资产。数据显示，外汇储备在国际货币基金组织（IMF）各成员国的国际储备中的比重高达 90% 以上。“二战”以前英镑是主要的国际储备货币，“二战”后美元取代英镑成为主要的国际储备货币。20 世纪 70 年代以后，随着日本、欧洲等国经济实力的迅速增强，逐渐形成了美元、欧元、日元、英镑、瑞士法郎、澳元和加元并存的多样化国际储备货币格局。2016 年 3 月，IMF 发布声明正式认定人民币为国际储备货币。

特别提款权是 IMF 创设发行的一种国际储备资产形式，是 IMF 分配给其成员国原有一般提款权以外的一种资金使用权利。特别提款权具有稳定的价值，兼具黄金储备和外汇储备的优点，主要用于 IMF 会员国支付国际收支逆差或偿还国际货币基金组织的贷款，但不能兑换黄金，也不能直接用于国际间的贸易或非贸易支付。由于发行数量不多，特别提款权在世界国际储备总额所占比重较少。

成员国在国际货币基金组织的储备头寸，又称普通提款权，是成员国在国际货币基金组织的普通资金账户中可自由提取和使用的，用于弥补国际收支逆差的资产。目前，国际货币基金组织的储备头寸绝对数额不大，在国际储备中的比重较小。

2. 期货储备

近年，有学者提出期货储备的概念。期货储备是指储备管理部门持有一定数量的重要商品期货合约作为储备形式，如持有有色金属、农产品、石油等商品期货合约。期货储备具有金融资产储备和实物资产储备的双重属性。期货本身是一种金融衍生品，从这个意义上说，期货储备是金融资产储备一种形式。同时，商品期货本身又是以标的商品标准化合约为基础存在的，合约到期后可以进行实物交割，因此也可以看作是实物资产储备的特殊形式。

与传统储备相比，期货储备具有一些新的特点。首先，期货储备是国家储备参与重要商品市场宏观调控的方式创新。传统国家储备主要通过收储和投放行为调节现货市场供求关系进而实现调控。期货储备可借助期货的价格发现功能以及国家信用，通过公开操作引导市场预期，并利用期货市场的杠杆作用，以小博大，更好地实现对重要商品市场的调控效果。需要强调的是，期货储备是一把双刃剑，操作不当也可能放大市场风险，要尽可能避免操作中的投机心理。其次，期货储备可通过合理操作提前锁定价格区间，避免国家储备在收储和投放决策过程中因价格波动造成的经济损失。最后，期货储备持有的是期货合约，相对于实物储备可节省部分储存管理成本。需要指出的是，由于期货储备是远期合约，在进行交割之前不能用于直接抵御重要商品供应中断，因此要合理控制风险，科学确定期货储备和实物储备的规模结构。

金融资产实际是一种索取实物资产的权利，也就是说金融资产和实物资产之间可以相互转换，那么是否金融资产储备和实物资产储备也可以进行相互转换和替代，本书将在后面的章节对黄金储备和实物储备的最优配置问题进行初步探讨。

二、无形储备

目前，学术领域对无形储备的研究尚为空白，因此亦无统一、权威的定义可言。本书认为，无形储备是指没有实物形态的储备，其实质是一种能力储备，即储备管理部门在既定的政策目标下，具备在未来特定时间区间内，获取一定数量储备物资的能力。从目前储备实践来看，无形储备包括政策储备、技术储备、生产能力储备和信息储备。

（一）政策储备

政策储备，也称储备性政策，是指针对未来可能出现的新情况和新问题，超前研究和拟定可供选择的政策工具。政策储备并非储备领域所独有，而是公共管理部门普遍采用的一种管理手段。随着我国经济社会的持续快速发展，我国面临来自国内外的各种矛盾、风险、挑战不断增加，维护国家安全的任务更加繁重，必须未雨绸缪，提早做好应对准备。习近平总书记在党的十八届五中全会第二次全体会议的讲话中指出，要“把防风险摆在突出位置，‘图之于未萌，虑之于未有’，力争不出现重大风险或在出现重大风险时扛得住、过得去”。国家储备必须适应形势任务要求，增强风险防控意识和能力，提前做好政策储备和有关应急预案，逐步提高储备工作的主动性、预见性和敏感性。

总的来说，储备管理部门应当针对以下几个方面做好政策储备。一是针对动态情况制定政策储备。例如，针对国内外经济社会形势动态变化趋势，对储备参与宏观调控的时机和方式方法提前做出安排。二是针对复杂情况制定储备政策。例如，我国经济步入新常态后，党中央审时度势，根据我国经济当前阶段存在的主要矛盾和问题提出供给侧结构性改革，如何推进供给侧结构性改革成为当前各行业、各领域都需要做出回答的重大课题。储备领域如何开展供给侧结构性改革没有现成的答案，必须结合储备实际深入思考、认真研究才能形成一套科学的政策方案。三是针对不确定或突发情况制定储备政策。经济社会发展过程面临诸多不确定性，储备必须结合自身功能定位针对不同情况提出多种备选政策方案，以便在突发情况下能够及时做出反应。

（二）技术储备

技术储备是指新研制的战备器材、设备等暂不投入生产，仅储备设计图纸、资料、技术文件、标准等，保管好工艺装备，需要时即能迅速生产。技术储备的目的是保证产品的不断创新和本国在生产技术发展中的领先地位。广义的技术储备包括科技人才、科技知识和科研装备的收集与准备，以便在老产品进入衰退期时，新产品能及时投入市场，使新老产品交替、相互衔接。

随着科学技术的迅速发展及其对经济发展影响的日益增大，无论是整个国民经济的发展还是一个企业的发展，都必须依靠科学技术。国际间、企业间的经济竞争，归根结底也是技术上的竞争。为此，党的十八大提出实施创新驱动发展战略，明确了科技创新在国家发展全局中的核心位置。党的十八届五中全会进而提出了“创新、协调、绿色、开放、共享”的新发展理念，将“创新”列于五大发展理念之首。近年来，在创新驱动战略的引导下，我国科技突飞猛进，一大批重大科技成果相继问世，诸多高新技术广泛应用于改造提升传统产业、传统设备，对于提高生产效率和经济效益，推动产业转型升级，降低资源能源消耗起到巨大的推动作用。创新已经成为引领中国发展的第一动力和建设现代化经济体系的重要战略支撑。

但众所周知，创新并非易事，新技术、新工艺的研发过程漫长且耗费巨大，没有充足的财力物力支撑难以为继，也正因此很多企业望而止步。为贯彻落实中央精神，引导和鼓励创新，国家储备可通过制定优先收储、资金补助等政策扶持和引导新材料、新能源等相关领域科技创新，助力储备领域贯彻落实国家创新驱动战略。

（三）生产能力储备

生产能力储备，也称产能储备，原指企业在生产经营过程中，为避免脱销，保证持续供给，而适当保有的一部分富余生产能力。保有生产能力储备的行业一般具有三个特征：一是产品季节性波动明显或需求具有一定的突发性。例如，煤炭企业为保证迎峰度夏（冬）期间煤炭供给、化肥生产企业为保证春耕期间化肥供给，均在平时保有部分富余生产能力储备。二是需求量较大且需持续一定时间，生产企业可利用中间的缓冲期将产能储备迅速转化为实际产能。三是产品本身容易变质，不宜长期储存，如食品、药品。本书所指生产能力储备，是一种政府行为，指政府为保证突发或紧急情况下特定物资的可靠供应，事先确定部分相关企业保有一定富余生产能力，以便突发或紧急情况下相关企业能够迅速投产或转产生产所需物资。

学术领域关于生产能力储备的研究相对较少，但在近年我国储备实践中却得到了广泛应用。20 世纪 90 年代后期以来，国家对应急管理工作日益重视，中央和地方应急物资储备体系逐步建立和完善，并通过法律法规进行规范，很多法律法规和政策文件提及生产能力储备。例如，《中华人民共和国国防动员法》对军品科研、生产和维修保障能力储备的种类、布局和规模的管理做出了原则规定。《国家突发公共卫生事件应急预案》规定：各级人民政府应建立处理突发公共卫生事件的应急物资和生产能力储备。2015 年民政部、国家发展改革委等九部委（局）联合印发《关于加强自然灾害救助物资储备体系建设的指导意见》，提出“逐步推广协议储备、依托企业代储、生产能力储备和家庭储备等多种方式，将政府物资储备与企业、商业以及家庭储备有机结合，将实物储备与能力储备有机结合，逐步构建多元、完整的救灾物资储备体系”。在此推动下，生产能力储备已经成为实物储备的重要补充。

生产能力储备主要用于那些在生产流通过程中周转快、需求量大、生产周期短的储备物资。保留一定的富余生产能力将会占用部分企业资金，降低企业资金效益，同时增加了设备设施的维护保养费用。正常情况下，对以追求利润最大化为目标的企业而言，显然不会自发自愿地开展生产能力储备，必须通过政府采取一定的政策加以规制和引导，如出台法律法规要求将其纳入企业义务储备或给予一定政策优惠和费用补贴。

协议储备，也称合同储备，指政府与企业或有关机构和个人签订协议，规定突发或紧急情况下政府有权要求企业优先供货或租用/调用企业的相关资源。协议储备的对象可以是最终商品，也可以是生产能力，因此协议储备也是生产能力储备的主要实现方式。《中华人民共和国突发事件应对法》规定，县级以上地方各级人民政府应根据本地区的实际情况，与相关企业签订协议，保障应急救援物资的生产、供给。这是法律层面关于协议储备的首次描述性规定。开展协议储备，一方面可以降低政府持有实物储备所发生的各项管理费用，降低储备成本。

另一方面可以更好地利用社会资源，避免储备物资因静态存储导致的资源闲置浪费，节约社会资源。此外，由于协议储备无须存放在储备仓库当中，因此政府可以选择更靠近投放概率较高区域的企业作为协议对象，由此可以优化储备布局，缩短投放时间，提高应急反应速度。

由于协议储备的上述优点，其在我国自然灾害救助领域得到各地区的普遍应用。资料显示，山东、湖北、湖南、江西、宁夏、新疆等省份普遍开展了救灾物资协议储备工作。2013 年 7 月，安徽省民政厅、财政厅等七家单位专门就做好救灾应急物资协议储备联合印发指导意见，对本省开展协议储备的范围、方式等予以明确。需要指出的是，协议储备虽然具有前述优点，但由于企业的逐利性使得企业在履行协议义务过程中可能存在以次充好、虚报数量等问题，这就要求政府相关部门要着重加强对协议储备厂商的监督管理，确保突发或紧急情况下储备物资能够调得出、用得上。

（四）信息储备

信息储备是特定生产力水平下的产物。随着社会的不断发展进步，传统工农业生产力逐渐被以信息、知识等无形要素为主的现代生产力所替代。根据世界银行对部分国家经济增长差异影响要素的相关研究，物质资本对国家间经济增长差异的影响不足 30%，而 70% 以上的影响因素直接或间接地归因于信息、知识等无形要素。因此，信息知识类要素已经从生产力系统其他要素中分离出来，成为生产力系统中最重要的影响因素。在某种程度上，国家间、企业间的竞争已经成为各自创造、采集、处理、使用信息能力水平的比拼。

此外，近代以来社会生产力水平大幅提高，科学技术日新月异，极大地改变了人们的生产生活方式，各种商品更新换代速度加快。这种变化给传统实物储备带来了极大挑战，尤其是对储备物资的品种选择和更新轮换提出了更高要求，即储备品种需求更加多样，要求更新轮换更加频繁。但与此同时我们发现，现代交通和物流飞速发展，千万吨级货轮跨洋航运更加安全可靠，公路、铁路、航运更加便捷高效，大大缩短了供需双方的时间和空间上的距离。人工智能、大数据、云计算等高新技术加速产业应用，使我们对不同商品生产和消费的区域分布、品种型号、数量规模等特征有了更加准确的把握。

在上述背景下，信息储备应运而生。它是指储备管理部门事先对储备物资对应的生产、储存、运输、销售、贸易等相关信息进行收集、整理，在此基础上通过与各环节相关企业或机构建立关联，充分运用现代交通和物流手段，确保突发或紧急情况发生后能在一定时限约束下准确、及时地锁定货源，并快速组织生产、调配，从而保证物资可靠供应。

信息储备的数据结构至关重要。数据结构的科学性决定了信息储备的有效性。总的来看，某类储备物资的信息储备应当包括以下几个部分：

（1）属性特点信息，包括商品的理化性质、商品种类、应用范围等。

（2）生产和库存信息，包括主要生产企业名称、地理分布、现有产能和生产潜力、资金和技术实力、联系方式、库存量等。

（3）物流信息，包括包装特点、运输方式、运输周期、相关物流企业信息等。

（4）消费信息，包括主要消费企业（或区域）、需求规模等。

（5）人才和技术信息，包括行业知名专家信息（擅长领域、联系方式）、主流技术工艺、新技术和替代技术发展情况等。开展信息储备过程中，应当加强与相关企业、行业协会的沟通与联系，定期或不定期检验相关信息的正确性和有效性，动态更新调整。此外，还应定期开展应急演练，确保突发或紧急情况下信息储备向实物储备的有效转化。

三、储备形式多元化的意义

对储备客体形式的分析，有助于我们进一步加深对储备“是什么”的认识，打破传统认为储备必须是实实在在放在固定地点进行存储的认识。推动储备形式多元化有助于进一步储备发展改革，提高储备综合保障能力，具体体现在以下几个方面：

首先，推动储备形式多元化有助于进一步完善储备体系。从形式上说，储备客体既包括有形的资源、产品，也包括无形的能力、技术等，科学合理的储备体系应同时包括有形储备和无形储备，使两者相互补充、虚实结合。有形储备和无形储备之间的配比，要根据不同阶段一国所处的国内外政治、经济、军事环境等因素而定。当前我国工业化和城镇化快速发展，各种能源资源的消费规模不断增大，为保证重要能源资源的供应安全，必然要求扩大重要能源资源的实物储备。

因此，近年我国重要能源资源储备规模不断扩大。与此同时，有关研究表明，重要能源资源消耗量在工业化进程中通常存在一个峰值，当达到这一峰值后，消费规模将递减。根据测算，我国铜、铝等重要商品的消费规模已经接近或达到其峰值。由此推断，在不发生大规模战争的条件下，有关重要商品的实物储备规模或将减少。但是，在实物储备规模缩小的同时，应当加强有关重要商品的能力储备、技术储备和信息储备，以便在紧急情况下能够及时获取相关物资。

其次，推动储备形式多元化有助于进一步优化储备结构，提高储备柔性。储备形式多元化要求既要有一定数量的实物物资，以便及时有效地投放，保障产供销的连续性，同时也要进行一定的生产能力储备、技术储备，以便扩大储备的保障范围，提高储备发挥作用的灵活性，提升储备综合保障能力。现代科学技术的飞速进步使得产品的更新换代不断加速，对实物资产储备的更新轮换提出了更高的要求，使其将会面临大规模淘汰或轮换的风险。例如，2013 年 9 月，国家规定成品油从国四标准升级到国五标准，这使我国数以百万吨计成品油储备面临严峻的轮换压力。一方面，如果短期内全部轮换，大量抛售，无疑会严重冲击市场，扰乱正常市场秩序；另一方面，市场也无法在短期内提供如此大规模符合新标准的成品油进行轮换。无形储备恰恰能解决此类问题。如用成品油能力储备替代部分成品油实物储备，当质量标准升级时，成品油储备轮换更新压力将大大降低。由此可见，无形储备能够使储备更好地适应外部环境的变化，进而提高整个储备的柔性。

最后，推动储备形式多元化有助于降低储备运行成本，促进资源优化配置。持有实物资产储备将会产生初始投资、采购成本和管理成本，而无形储备的成本相对较低，因此合理配置有形储备和无形储备将有利于降低储备的资金投入，提高资金利用效率。

第二节　金融资产储备与实物资产储备配置分析

外汇、黄金等金融资产实质上是索取实物资产的一种权利，即它们是可以相互转换的。随着经济全球化和一体化的不断深入发展，重要资源能源尤其是大宗商品的金融属性越发显著，使实物储备在实用性的基础上又衍生出了投资功能，与国内外金融市场联系得越发紧密。当前，我国外汇储备规模居全球首位，黄金储备规模也居世界前列。截至 2017 年底，我国外汇储备规模为 3.14 万亿美元，黄金储备达 5924 万盎司。这就给我们提出一个问题，即能否将一部分外汇储备、黄金储备转化为实物储备，也就是本节所要讨论的金融资产储备和实物资产储备优化配置的问题。

一、金融资产储备和实物资产储备配置的意义

（一）分散金融资产储备投资风险

大规模的外汇储备，一方面，会带来较大的汇率风险和成本对冲压力，对外汇储备经营管理提出严峻挑战。另一方面，会加大宏观调控难度，形成国内通货膨胀的潜在压力，制约本国货币政策。此外，我国外汇储备中 80% 是美元储备货币，由于主要投向为美国国债和美国不动产，因此受美元汇率变动影响较大。

为解决大规模外汇储备带来的上述问题，可以尝试突破传统外汇储备投资单纯追求投资收益的限制，将外汇储备与实体经济联系起来，基于产业需求将资源能源类商品资产加入到外汇储备资产池中，将外汇储备部分转化为实物资产储备。这样既有利于对冲我国巨额外汇储备面临的美元贬值、通货膨胀等风险，拓宽外汇储备的投资渠道，避免利用外汇储备进行国际投资时导致的投资与国内需求严重脱离的问题，又能增加重要能源资源的持有规模，提高我国在重要能源资源方面的话语权和供给保障能力。对黄金储备亦是如此，可以通过研究黄金与特定实物储备品种之间的相关性实现黄金储备与实物储备的优化配置。

（二）提高金融市场稳定性

优化储备资产配置结构的重点是将实物资产储备和金融资产储备合理配比，目的是合理回避风险，实现储备资产的保值增值。外汇市场、黄金市场以及期货市场都是现代金融市场的重要组成部分，将外汇储备、黄金储备、期货储备以及其他实物资产（主要指具有金融属性的商品）储备纳入国家储备体系中统筹考虑，有助于提高金融市场效率、促进金融市场稳定，充实实物储备采购基金，实现更大范围的“大储备”。以期货储备为例，国家储备通过掌握一定量的期货合约，通过在期货市场上的科学运作引导重要商品市场预期，也对提高金融市场稳

定性和完善金融市场体系具有积极作用。

（三）提高储备综合保障能力

随着储备理论研究的深化和储备实践的不断丰富，储备功能作用不断发展演变，不仅强化了最初的保险功能，还衍生出储蓄和投资的功能，使得储备的作用领域不断扩展，涉及政治、经济、社会、军事、国防、外交等众多领域，从而使储备成为一种跨领域、多目标的综合保障手段。当前，我国储备体系尚不完善，有形储备与无形储备、实物资产储备和金融资产储备之间相互割裂，各自为政，减弱了储备发挥作用的整体合力，不利于储备体系的协调、持续发展。在不削弱金融资产储备功能作用的前提下，优化金融资产储备和实物资产储备的配置结构，有助于统筹储备各项功能的均衡发展，提高整个储备体系的综合保障能力，有效应对威胁国家安全的各种风险。

二、黄金储备与重要金属储备优化配置实证分析

为进一步探讨金融资产储备和实物资产储备优化配置的具体方法，本书将以投资组合理论基础探讨黄金与部分重要金属的储备资产优化配置模型。建立模型的基本思路是选择部分重要金属，通过建立马科维茨模型进行均值方差分析，确定黄金与重要金属资产配置权重及投资组合的有效边界，进而得出黄金与部分重要金属的最优配置方案。

（一）理论基础——投资组合理论

投资组合是由投资人或金融机构所持有的股票、债券、衍生金融产品等组成的集合。投资组合不是券种的简单随意组合，它体现了投资者的意愿和投资者所受到的约束，如对投资收益的权衡、投资比例的分配、投资风险的偏好等。

美国经济学家马科维茨 1952 年首次提出投资组合理论，并得到广泛应用。无论是家庭、公司，还是其他经济组织，为了找到最优的行动方案，需要在减少风险成本与收益之间进行权衡，对这些内容阐述并估计的过程，即为投资组合理论的应用。

马科维茨投资组合理论的基本假设为：

（1）投资者是风险规避的，追求期望效用最大化。

（2）投资者根据收益率的期望值与方差来选择投资组合。

（3）所有投资者处于同一单期投资期。

基于以上假设，马科维茨确定了以期望收益及其方差（E，σ^2）表示的有效投资组合①。优化模型如下：

$$\min\sigma^2(r_p) = \sum\sum w_i w_j \mathrm{cov}(r_i, r_j)$$

$$E(r_p) = \sum w_i r_i$$

其中，期望收益 E 衡量证券收益，收益的方差 σ^2 表示投资风险。资产组合的总收益用各个资产预期收益的加权平均值表示，组合资产的风险用收益的方差或标准差表示。

从经济学的角度分析，就是说投资者预先确定一个期望收益率，然后通过确定投资组合中每种资产的权重，使其总体投资风险最小，所以在不同的期望收益水平下，得到相应的使方差最小的资产组合解，这些解构成了最小方差组合，也就是我们通常所说的有效组合。

有效组合的收益率期望和相应的最小方差之间所形成的曲线，就是有效前沿。投资者根据自身的收益目标和风险偏好，在组合的有效前沿上选择最优的投资组合方案。

（二）配置模型

1. 重要商品与黄金价格相关性分析

从全球重要商品和黄金价格走势上看，全球重要商品和黄金价格均呈上涨的趋势，见表 6－1，其中黄金价格从 1990 年的 383.51 美元/盎司上涨到 2017 年的 1263.47 美元/盎司，价格涨幅为 229.45%，年均涨幅为 4.51%。重要商品中白银价格涨幅最高，从 1990 年的 4.07 美元/盎司涨到 2017 年的 16.16 美元/盎司，总涨幅为 297.07%。铝价格涨幅最低，总涨幅为 26.30%，年均涨幅仅为 0.87%。由此我们推断，全球重要商品和黄金的价格走势可能存在一定的相关性。

① 李泽斌．基于杠杆的分级基金的设计及定价研究［D］．辽宁大学，2012.

表 6－1　1990 年和 2017 年重要商品与黄金价格及涨幅

品种	1990 年价格	2017 年价格	总涨幅（%）	年均涨幅（%）
黄金（美元/盎司）	383.51	1263.47	229.45	4.51
白银（美元/盎司）	4.07	16.16	297.07	5.24
铂金（美元/盎司）	466.95	916.10	96.19	2.53
铜（美元/吨）	2661.34	6801.16	155.55	3.54
铝（美元/吨）	1639.50	2070.74	26.30	0.87
铅（美元/吨）	809.50	2508.82	209.92	4.28
锌（美元/吨）	1517.92	3192.47	110.32	2.79
锡（美元/吨）	6085.38	19440.00	219.45	4.40
镍（美元/吨）	8864.00	11409.21	28.71	0.94

为了进一步分析黄金与重要商品（有色金属、稀贵金属、重要能源、农产品等）和重要指数（CRB 指数、上证指数、美元指数）的关系，本书分别计算了 1990～2000 年，2001～2005 年，2006～2010 年以及 2011～2017 年黄金与各产品的相关系数，具体数值见表 6－2。由以上数据可知，有色金属、稀贵金属价格与黄金价格之间存在着一定正向关系，美元指数、上证指数与黄金价格存在着一定的反向关系，但相关到何种程度难以从价格直接看出。因此，对 1990～2017 年的数据进行相关性分析，得到表 6－2：

表 6－2　1990～2017 年黄金与各产品相关系数

相关系数	1990～2000 年	2001～2005 年	2006～2010 年	2011～2017 年
白银/黄金	－0.3303	0.9404	0.9792	0.8971
铂金/黄金	－0.3518	0.9808	0.6442	0.7648
铜/黄金	0.8018	0.9140	0.1574	0.7157
铝/黄金	0.1572	0.8690	－0.5258	0.5823
铅/黄金	0.5212	0.9091	0.2712	0.3330
锌/黄金	－0.2638	0.7996	－0.6844	－0.1651
锡/黄金	0.4688	0.8463	0.8294	0.4738
镍/黄金	0.2214	0.9825	－0.4536	0.6084
原油/黄金	－0.2460	0.9035	0.3052	0.7168

续表

相关系数	1990～2000 年	2001～2005 年	2006～2010 年	2011～2017 年
天然橡胶/黄金	0.7980	0.9995	0.6627	0.6914
小麦/黄金	0.7688	0.8138	0.0797	0.6930
玉米/黄金	0.6791	0.6093	0.5555	0.8482
大豆/黄金	0.5670	0.7810	0.7321	0.6856
棉花/黄金	0.6967	0.6539	0.9057	0.3726
CRB 指数/黄金	0.6006	0.9798	-0.0544	0.6857
上证指数/黄金	-0.7897	-0.8563	-0.1803	-0.5490
美元指数/黄金	-0.9114	-0.8408	-0.2847	-0.7227

分析表6-2可以发现，在28年的数据中，1990～2000年黄金与所选重要商品和指数相关性较低。2001～2005年，黄金与所选重要商品和指数的正相关性明显增加。2006～2010年，有色金属中铝、锌、镍的价格和黄金价格的相关系数呈现异常的负相关，通过对历史事件和数据的进一步分析，我们认为很可能是受2008年国际次贷危机的影响。2011～2017年，除上证指数、美元指数和锌外，其余品种的价格均与黄金价格呈正相关关系，且相关系数均大于0.3。

2. 有色金属、铂金、黄金资产收益率

结合国家物资储备品种类别，根据铜、铝、铅、锌、锡、镍、铂金、黄金价格的时间序列（见表6-3）和一般收益率（见表6-4）的计算公式，计算出相应资产的价格波动序列。

表6-3　1999～2017年有色金属、铂金、黄金价格

年份	铜（美元/吨）	铝（美元/吨）	铅（美元/吨）	锌（美元/吨）	锡（美元/吨）	镍（美元/吨）	铂金（美元/盎司）	黄金（美元/盎司）
1999	1572.53	1359.99	501.77	1075.80	5391.39	6002.51	377.93	278.88
2000	1814.52	1551.50	454.17	1127.70	5435.90	8630.52	544.03	279.11
2001	1580.17	1446.74	476.36	886.82	4489.44	5969.63	529.04	271.04
2002	1560.29	1351.08	452.25	778.90	4061.00	6783.31	539.13	309.73
2003	1779.36	1432.83	514.21	827.97	4889.65	9630.29	691.31	363.38
2004	2863.47	1718.52	881.95	1048.04	8480.94	13821.00	845.31	409.72
2005	3676.50	1900.52	974.37	1380.55	7385.25	14777.80	896.87	444.74

续表

年份	铜（美元/吨）	铝（美元/吨）	铅（美元/吨）	锌（美元/吨）	锡（美元/吨）	镍（美元/吨）	铂金（美元/盎司）	黄金（美元/盎司）
2006	6731.35	2573.07	1288.42	3266.18	8754.90	24125.60	1142.31	603.46
2007	7131.63	2639.88	2579.12	3249.73	14495.40	37135.80	1303.05	695.39
2008	6963.48	2577.92	2093.32	1884.83	18466.60	21141.50	1573.53	871.96
2009	5165.30	1669.17	1719.44	1658.39	13602.70	14672.40	1115.09	920.25
2010	7538.96	2172.99	2149.19	2160.00	20367.20	21810.00	1608.98	1224.53
2011	7557.20	2017.00	2033.20	1845.00	19125.00	18620.00	1409.40	1573.80
2012	7915.00	2040.00	2340.00	2034.50	23500.00	17085.00	1524.00	1411.03
2013	7326.37	1846.13	2140.49	1911.11	22257.45	15018.81	1487.91	1266.08
2014	6865.52	1868.33	2097.06	2162.55	21910.87	16882.72	1383.92	1160.14
2015	5501.68	1663.16	1786.33	1932.15	16084.03	11834.56	1050.50	1248.42
2016	4863.15	1604.26	1870.78	2090.49	17978.22	9598.41	993.41	1257.31
2017	6162.77	1968.10	2317.53	2893.97	20098.22	10406.91	948.64	1411.03

资料来源：伦敦金属交易所。

一般收益率 R_t 的计算公式为：

$$R_t = \frac{P_t - P_{t-1}}{P_{t-1}} \tag{6-1}$$

在式（6－1）中：R_t 为 t 时间的价格波动(收益率)。

P_t 为 t 时间的价格。

P_{t-1} 为 $t-1$ 时间的价格。

表 6－4　2000～2017 年有色金属、铂金、黄金价格波动（收益率)序列　单位:%

年份	铜	铝	铅	锌	锡	镍	铂金	黄金
2000	15.39	14.08	－9.48	4.82	0.83	43.78	43.95	0.08
2001	－12.92	－6.75	4.88	－21.36	－17.41	－30.83	－2.76	－2.89
2002	－1.26	－6.61	－5.06	－12.17	－9.54	13.63	1.91	14.27
2003	14.04	6.05	13.70	6.30	20.41	41.97	28.23	17.32
2004	60.93	19.94	71.52	26.58	73.45	43.52	22.28	12.75
2005	28.39	10.59	10.48	31.73	－12.92	6.92	6.10	8.55
2006	83.09	35.39	32.23	136.59	18.55	63.26	27.37	35.69

续表

年份	铜	铝	铅	锌	锡	镍	铂金	黄金
2007	5.95	2.60	100.18	-0.50	65.57	53.93	14.07	15.23
2008	-2.36	-2.35	-18.84	-42.00	27.40	-43.07	20.76	25.39
2009	-25.82	-35.25	-17.86	-12.01	-26.34	-30.60	-29.13	5.54
2010	45.95	30.18	24.99	30.25	49.73	48.65	44.29	33.06
2011	0.24	-7.18	-5.40	-14.58	-6.10	-14.63	-12.40	28.52
2012	4.73	1.14	15.09	10.27	22.88	-8.24	8.13	-10.34
2013	-7.44	-9.50	-8.53	-6.06	-5.29	-12.09	-2.37	-10.27
2014	-6.29	1.20	-2.03	13.16	-1.56	12.41	-6.99	-8.37
2015	-19.87	-10.98	-14.82	-10.65	-26.59	-29.90	-24.09	7.61
2016	-11.61	-3.54	4.73	8.20	11.78	-18.90	-5.43	0.71
2017	26.72	22.68	23.88	38.44	11.79	8.42	-4.51	12.23

3. 重要金属资产平均收益率

根据铜、铝、铅、锌、锡、镍、铂金、黄金的价格波动（收益率）序列和平均收益率公式，计算出各资产的平均收益率，见表6-5。

平均收益率计算公式：

$$E(R_i) = \frac{\sum_{t=1}^{n} R_t}{n} \tag{6-2}$$

在式（6-2）中：$E(R_i)$为储备资产期望平均收益率。

n为年限。

表6-5　2000~2017年有色金属、铂金、黄金平均收益率　　单位:%

资产种类	铜	铝	铅	锌	锡	镍	铂金	黄金
平均收益率	10.99	3.43	12.20	10.39	10.92	8.23	7.19	10.28

4. 重要金属资产收益率协方差矩阵

根据协方差式（6-3），得出各种稀贵金属资产收益率之间的协方差矩阵（见表6-6）。

各资产之间协方差计算公式：

$$\mathrm{Cov}(R_{ti}, R_{tj}) = E\{[R_{ti} - E(R_{ti})][R_{tj} - E(R_{tj})]\} \tag{6-3}$$

在式（6－3）中：$R_{ti(j)}$为各资产收益率序列（i，j=1，2，3，…，8）。

R_{t1}为铜收益率序列。

R_{t2}为铝收益率序列。

R_{t3}为铅收益率序列。

R_{t4}为锌收益率序列。

R_{t5}为锡收益率序列。

R_{t6}为镍收益率序列。

R_{t7}为铂金收益率序列。

R_{t8}为黄金收益率序列。

表6－6　有色金属、铂金、黄金收益率协方差矩阵

	铜	铝	铅	锌	锡	镍	铂金	黄金
铜	0.078	0.041	0.045	0.085	0.045	0.070	0.038	0.022
铝	0.041	0.027	0.024	0.044	0.027	0.040	0.025	0.010
铅	0.045	0.024	0.091	0.041	0.069	0.066	0.022	0.010
锌	0.085	0.044	0.041	0.134	0.025	0.077	0.026	0.018
锡	0.045	0.027	0.069	0.025	0.080	0.056	0.036	0.014
镍	0.070	0.040	0.066	0.077	0.056	0.108	0.048	0.017
铂金	0.038	0.025	0.022	0.026	0.036	0.048	0.041	0.011
黄金	0.022	0.010	0.010	0.018	0.014	0.017	0.011	0.019

5. 模型设计与估计

重要金属资产的配置问题按照马科维茨的逻辑就是货币资产在不同资产之间的分配，以求达到方差和期望的最优组合，组合的最优解取决于投资者自身的偏好和资本有效配置问题。资本配置有效的前提是资产配置位于资产组合的有效边界上，在有效边界上的资产组合才是根据投资者的偏好而实现最优解①。

据此，可以构建金属储备结构的目标函数和约束条件函数：

$$\min\sigma^2 = W^T VW \tag{6-4}$$

$$\text{s.t. } W_1 \times 10.99\% + W_2 \times 3.43\% + W_3 \times 12.20\% + W_4 \times 10.39\% + W_5 \times 10.92\% + W_6 \times 8.23\% + W_7 \times 7.19\% = E \tag{6-5}$$

① 陈小竹．中国黄金储备合理规模研究［J］．黄金，2012（6）．

$$W_1 + W_2 + \cdots + W_7 = 1 \tag{6-6}$$

在式（6－4）至式（6－6）中：σ^2 为度量风险的收益方差。

W_1 为铜占稀贵金属储备的权重。

W_2 为铝占稀贵金属储备的权重。

W_3 为铅占稀贵金属储备的权重。

W_4 为锌占稀贵金属储备的权重。

W_5 为锡占稀贵金属储备的权重。

W_6 为镍占稀贵金属储备的权重。

W_7 为铂占稀贵金属储备的权重。

W 为 W_1，W_2，…，W_7 构成的矩阵。

W^T 为 W 的转置矩阵。

V 为稀贵金属资产收益率协方差矩阵。

E 为黄金的平均收益率。

利用 Matlab 画出资产组合的有效前沿（见图 6－1）并显示 30 个最优解，其在不同收益率下，铝、铜、铅、锌的最优解见表 6－7。据表中所列最优解，当黄金收益率为 10.27% 时，铜的权重为 23.08%，铅的权重为 42.86%，锌的权重为 1.88%，铂金的权重为 32.18%。

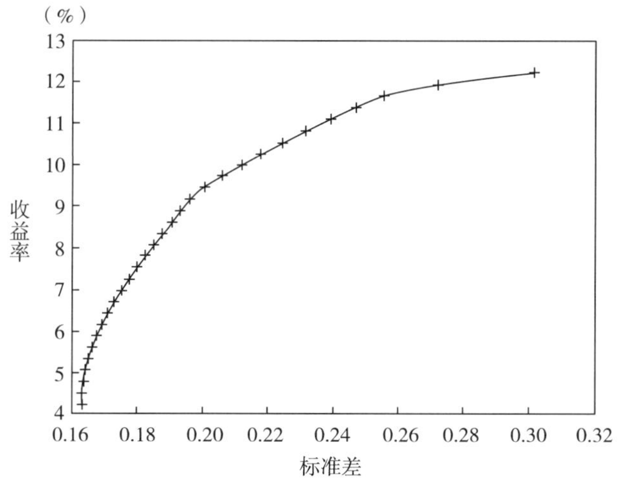

图 6－1　重要金属资产组合有效前沿

表 6－7　重要金属储备资产组合最优解

序列	资产组合		各资产权重（%）						
	标准差	收益率（%）	铜	铝	铅	锌	锡	镍	铂金
1	0. 1632	4. 22	0	84. 60	4. 29	0	0	0	11. 11
2	0. 1634	4. 50	0	79. 72	6. 11	0	0	0	14. 16
3	0. 1637	4. 77	0	74. 85	7. 94	0	0	0	17. 21
4	0. 1643	5. 05	0	69. 97	9. 77	0	0	0	20. 26
5	0. 1652	5. 32	0	65. 09	11. 60	0	0	0	23. 31
6	0. 1663	5. 60	0	60. 21	13. 43	0	0	0	26. 36
7	0. 1676	5. 87	0	55. 33	15. 26	0	0	0	29. 41
8	0. 1692	6. 15	0	50. 46	17. 09	0	0	0	32. 46
9	0. 1709	6. 42	0	45. 58	18. 92	0	0	0	35. 51
10	0. 1729	6. 70	0	40. 70	20. 75	0	0	0	38. 55
11	0. 1751	6. 97	0	35. 82	22. 57	0	0	0	41. 60
12	0. 1775	7. 25	0	30. 87	23. 62	1. 15	0	0	44. 36
13	0. 1799	7. 52	0	25. 91	24. 55	2. 45	0	0	47. 08
14	0. 1824	7. 80	0	20. 95	25. 49	3. 76	0	0	49. 80
15	0. 1850	8. 07	0	16. 00	26. 42	5. 07	0	0	52. 52
16	0. 1877	8. 35	0	11. 04	27. 35	6. 37	0	0	55. 24
17	0. 1904	8. 62	0	6. 08	28. 29	7. 68	0	0	57. 95
18	0. 1932	8. 90	0	1. 12	29. 22	8. 99	0	0	60. 67
19	0. 1964	9. 17	0	0	33. 16	10. 10	0	0	56. 74
20	0. 2008	9. 45	0. 11	0	37. 93	11. 09	0	0	50. 86
21	0. 2060	9. 72	7. 77	0	39. 57	8. 02	0	0	44. 63
22	0. 2118	10. 00	15. 42	0	41. 22	4. 95	0	0	38. 41
23	0. 2179	10. 27	23. 08	0	42. 86	1. 88	0	0	32. 18
24	0. 2245	10. 55	29. 37	0	44. 78	0	0	0	25. 85
25	0. 2317	10. 82	33. 5	0	47. 14	0	0	0	19. 36
26	0. 2393	11. 10	37. 54	0	48. 41	0	1. 55	0	12. 50
27	0. 2473	11. 37	41. 51	0	48. 60	0	4. 64	0	5. 26
28	0. 2559	11. 65	43. 58	0	54. 64	0	1. 78	0	0
29	0. 2723	11. 93	22. 73	0	77. 27	0	0	0	0
30	0. 3017	12. 20	0	0	100	0	0	0	0

用重要金属组合的收益替代黄金投资收益，根据目标函数式（6－4）以及约束条件函数式（6－5）、式（6－6），利用Lingo软件，可以计算出当金属投资组合的收益率与黄金收益率相同时，各金属的权重见表6－8。

表6－8　重要金属资产组合及预期收益率

预期收益率	铜权重	铝权重	铅权重	锌权重	锡权重	镍权重	铂金权重
10.28%	23.08%	0	42.89%	1.93%	0	0	32.10%

综上所述，通过对部分重要金属进行投资组合配置以达到和黄金相同的收益率，需要将23.08%的资产配置铜，42.89%的资产配置铅，1.93%的资产配置锌，32.10%的资产配置铂金。

第三节　储备功能多元化

储备形式多元化是从储备客体自身理化属性层面进行分析，储备功能多元化则是从储备客体在运作过程中的应用范围进行分析。当前，我国依然处在发展的战略机遇期，但国内外政治经济形势错综复杂，诸多矛盾叠加，风险隐患增加。为更好应对各类严峻挑战，我国“十三五”规划做出了全面系统安排，并要求改进调控方式和丰富政策手段，在区间调控的基础上加强定向调控、相机调控，采取精准调控措施。国家储备是维护国家安全，应对风险挑战的重要工具和手段。面对日益纷繁复杂的诸多矛盾和风险隐患，国家储备也应当进一步明确和细化功能定位，有的放矢，提高储备政策的针对性和准确性。

一、储备功能演变脉络分析

本书第二章对储备基本功能进行了论述，包括维护国家安全、保障经济健康运行、保持社会稳定，任何储备均具备至少其中一种功能。但这种功能划分过于笼统。近年，我国在宏观调控政策方面提出了定向调控、精准调控的思想，因此本书进一步对储备功能进行细化，以便为储备更好地发挥功能作用提供依据。为系统全面厘清储备各项功能，需要历史地、连续地进行考察，从而找出储备功能演变的发展脉络和主要趋势。

储备的原始功能是“积谷防饥”，由于古代生产力水平低下，粮食、兵器等重要物资总体处于短缺状态，因此必须提前准备，以备不时之需。早期的国家储备主要用于战争准备。到了西汉时期，储备功能进一步拓展到经济领域，桑弘羊提出“平准制”并运用于当时的国家管理之中。时至今日，虽然社会生产力极大发展，但由于各种风险挑战的存在，储备“积谷防饥”的功能一直未变，只不过储备的物品从“谷”扩展到人们生产生活所需的其他各样重要物品。储备的这一功能用现代语言描述就是“保险”，即保证风险发生时重要物资的可靠供给。储备充当保险通常作用于两个方面：其一是防备短缺，保证稳定、可靠供给；其二是平抑物价，中国古代“常平仓”即是为此而设计，防治囤积居奇，避免“谷贱伤农、谷贵伤民”。

随着社会生产力的不断发展，尤其是三次工业革命之后，伴随着全球化和经济一体化的不断深化，重要资源能源在全球范围内进行配置并优先向经济发达国家流入，部分地区重要物资出现供过于求的现象，而其他地区可能出现供不应求现象。因而，储备在国家或地区经济中的“蓄水池”和“缓冲器”作用开始增强。尤其是在工业化过程中，各种重要能源资源消耗巨大，面临的供应中断风险也不断增加，此时储备之于国家如同库存之于企业，主要用于保证国家机器稳定运转。同时，库存之于企业又是企业的流动资产的重要组成部分，而我们知道，流动资产又具有较强的流动性和变现能力。重要物资本身的稀缺性和内在价值，使得“蓄水池”或“缓冲器”中的储备物资实际成为了一国所持有的财富，而这种“财富”在当今高度发达的市场体系下更容易变现或作为国际支付的媒质，是一国除储备货币之外的一种重要财富积累方式，因此储备此时具备了“储蓄”的功能。

近代以来，随着现代市场体系的发展演变，储备又具备了新的功能。1848年，美国芝加哥期货交易所成立，用以完成现货交易和现货中远期合约转让。1865年，芝加哥期货交易所制定了标准化期货合约。经过进一步完善，到19世纪末，现代意义的期货市场完整建立。现代商品期货市场的建立，意味着作为期货交易的各类商品具有了金融属性。20世纪60年代，特别是进入20世纪70年代以后，随着布雷顿森林体系的解体和世界石油危机的发生，利率和汇率出现剧烈波动，市场风险大幅增加。研究显示，商品期货与通货膨胀具有正相关性，为规避市场风险，寻求套期保值，银行、企业和投资机构开始涌入金融衍生品市场，商品期货、期权等金融衍生工具也因此成为最基本的避险工具，作为一项投资性资产用于对冲通胀风险。有色金属、石油、粮食等基础原材料是全球商品期货的主导品种，交易规模占整个商品期货交易总规模的七成以上，成为与股票、债券等“纸资产”相对应的“硬资产”。石油、有色金属等重要商品又是国家储备的主要品种，从而使国家储备具备了“投资”功能，用以分散国家持有美元等“纸资产”的风险，获取商品价格上涨时溢价，抵消部分因重要商品价格上涨对本国工业生产的冲击。

二、储备细化功能

厘清储备的功能发展脉络后，我们依然无法清晰地看出储备的细化功能。我们知道，储备的逻辑起点是防风险，落脚点是维护国家安全。那么，我们需要进一步对国家安全的主要内容进行梳理和总结。下面本书着重对总体国家安全观进行论述。

（一）总体国家安全

2014 年 4 月 15 日，习近平总书记主持召开中央国家安全委员会第一次会议并提出“总体国家安全观”。总体国家安全观是习近平新时代中国特色社会主义思想的重要内容，党的十九大报告将“坚持总体国家安全观，走中国特色国家安全道路”确定为新时代中国特色社会主义建设基本方略之一。总体国家安全观是以习近平同志为核心的党中央对国家安全理论的重大创新，具有丰富的思想内涵，涉及新时代中国特色社会主义建设的诸多重要方面。总的来看，在总体国家安全观的指导下，当前和今后我国一个时期的重大任务就是，构建集政治安全、国土安全、军事安全、经济安全、文化安全、社会安全、科技安全、信息安全、生态安全、资源安全、核安全等于一体的国家安全体系。本书以下对国家安全体系的上述方面进行简要介绍。

1. 政治安全

政治安全是国家的根本，也是国家安全体系的核心。所谓政治安全，是指国家主权、政权、政治制度、政治秩序以及意识形态等方面免受威胁、侵犯、颠覆、破坏的客观状态[①]，主要包含政权安全、主权安全、国家基本制度安全和意

① 杨大志. 政治安全是国家安全的根本［N］. 解放军报，2018－04－20.

识形态安全四个方面。

当前，我国正处在改革关键期和社会转型期，各种矛盾和问题交错叠加，对我国政治安全提出严峻挑战。一方面，国外敌对势力对我国进行西化、分化，以美国为首的西方国家通过各种渠道向我国推广普世价值，通过各种形式试图影响对我国政治体制和经济体制改革进程和方向，“颜色革命”“和平演变”的威胁始终存在。与此同时，我国与周边国家存在着领土、领海等主权争端，对我国领土完整和国家主权造成威胁。另一方面，中国共产党面临“四大考验”“四大危险”的威胁，“藏独”“疆独”“台独”等势力制造各种暴力恐怖、民族分裂活动，宗教渗透和邪教破坏活动以及网络政治安全等诸多风险，均对我国政治安全造成威胁。

2. 国土安全

国土安全是一个涵盖术语，目前尚无统一的概念。国土安全与领土安全的概念相似。领土是国家享有主权的全部疆域，由领陆、领水、领空，以及领陆与领水的底土四个基本要素构成。因此，国土安全是指主权国家领陆、领水、领空和底土的安全，不受威胁、侵犯、颠覆、破坏的客观状态。领陆、领水、领空和底土是传统领土四个要素，随着经济社会的不断发展，国家生存空间领域也在不断拓展，网域、天域和经济海域等空间逐渐成为新的国土安全关注领域①。

当前我国面临的国土安全形势较为复杂。一方面，美国在奥巴马时期推出了“亚太再平衡”战略，意图通过朝鲜半岛、日本、菲律宾等国家形成第一岛链，封锁、抑制中国。另一方面，亚太地区安全形势更趋复杂，我国捍卫南海、西部、南部边境的压力和挑战增大。此外，“台独”“疆独”“藏独”“港独”等势力蠢蠢欲动并与外部破坏性因素相互勾结，也对我国领土完整造成威胁。

3. 军事安全

军事安全，是指国家处于不受战争威胁、军事入侵和军事利益不受侵害的状态②。军事安全是国家安全的重要保障，衡量一个国家军事安全的标准，即能不能避免战争，或者在避免不了的情况下打赢战争；能不能对对手形成有效的军事威慑，或者对对手的威慑实施反威慑；能不能通过军事发展和军备控制，形成对

---

① 余飞．“国土安全”是国家安全基础中的基础［N］．法制日报，2014-04-26（4）．

② 中国人民解放军军语［Z］．北京：军事科学出版社，2011：162.

对手的力量优势或均势[①]。

面对多元复杂的国家安全环境，我国发展面临的阻力和挑战将会逐步增多，传统安全和非传统安全问题相互交织，维护国家统一、领土完整和我国发展利益的任务十分艰巨。与此同时，军事技术和战争形态的革命性变化，对国际政治军事格局产生巨大影响，也对我国军事安全带来了新的挑战[②]。

4. 经济安全

随着全球化的不断深入，国家安全越来越多地取决于军事因素之外的其他因素。经济安全是国家安全的基础支撑，也是国家经济主权的重要内容，没有经济安全，其他国家安全无从谈起。所谓经济安全，指的是在与政治、军事安全相区别的经济领域里，一国为实现本国经济的稳定、内部发展的可持续、各个部门的平衡等目标所确立的保障手段和过程，涉及金融安全、贸易安全、投资安全、避免世界周期波动的冲击、本国经济对外开放的速度和范围等内容[③]。

近年来，我国经济快速崛起，国民经济整体运行态势良好，目前已经成为全球第二大经济体、世界第一制造大国、全球外汇储备最高的国家，但我们所处的国内国外环境发生了深刻变化，面临的各种矛盾和问题相互叠加，经济形势错综复杂。从国内看，我国面临能源资源制约和环保压力不断增大，资本市场长期低迷，金融行业内外冲击加大，国内就业压力巨大，转变发展方式、优化经济结构、转换增长动力的任务紧迫而繁重。从国际上看，中国与世界主要大国之间的竞争与博弈出现新形势，中国经济面临的外部风险明显增加，特别是 2018 年以来，美国掀起的贸易战甚嚣尘上。

5. 文化安全

文化安全就是文化特质的保持与延续，而国家文化安全就是一个国家现存文化特质的保持与延续。文化安全是相对于“文化渗透”“文化控制”而言的，是一种相应的“反渗透”“反控制”“反同化”，以保护本国人民的价值观、行为方式、社会制度不被干涉，保护文化的民族性，维护民族的自尊心和凝聚力，确保国家文化主权不被威胁。文化的概念很广泛，所以引申至文化安全的内容也很宽

---

① 马平．论军事安全与国家利益［J］．国防，2006（4）．

② 中华人民共和国国务院新闻办公室．中国军事战略［Z］．2015－05.

③ 谷源洋，谈世中，马杰．经济全球化与国家级经济安全［M］．北京：经济科学出版社，2002.

泛。广义的文化安全几乎涉及政治、经济、军事、民俗、科技、教育、艺术、历史等各个方面；而狭义的国家文化安全则主要包括语言文字、风俗习惯、价值观念、生活方式等几个方面[①][②]。

6. 社会安全

社会安全的定义有狭义和广义之分。狭义的社会安全指的是社会保障体系，如《保险大辞典》从经济意义上对社会安全做出了解释，社会安全的本质在于保障公民的经济生活的安定，社会安全与社会保障含义相同，社会保障原意是社会安全[③]。社会安全最早应用于1935年6月美国罗斯福总统签署的《社会安全法案》，目前各种译著中亦有把《社会安全法案》译为《社会保障法》。广义的社会安全指的是全社会各个群体避免伤害的能力和机制。《新中国60年新词新语词典》中指出，社会安全是指人群在公共生活空间的安全，它包括人民生命财产、社会生活秩序和生态环境的安全，社会安全是新国家安全观的组成部分[④]。刘静也认为社会安全是指社会公众享有安全和谐的生活和工作环境以及良好的社会秩序，公众的生命财产、身心健康、民主权利和自我发展有安全的保障[⑤]。

7. 科技安全

科技安全，是指国家科学技术的发展和权益不受破坏和侵权[⑥]的状态。进入21世纪，在新一轮科技革命的推动下，世界正发生着前所未有的变动和调整，国家生存空间已经由传统的陆地、海洋向深海、太空、极地、网络等领域拓展，而科技水平决定了一国在上述领域的竞争实力，因而科技安全在国家安全中的权重越来越大，直接影响着经济安全、军事安全、生态安全和政治安全等其他国家安全领域。科技安全状态不佳，势必造成国家安全的整体状态受到严重影响。

8. 信息安全

信息安全，是指采取各种措施保护信息系统或信息网络中的信息资源免受各种类型的威胁、干扰和破坏。总的来看，信息安全主要包括信息设备安全、数据

---

① 韩民青. 文化论［M］. 南宁：广西人民出版社，1989：73－133.
② 耿识博. 澳大利亚文化保护管理体制及对中国的启示［J］. 行政管理改革，2011（1）.
③ 宋国华. 保险大辞典［M］. 沈阳：辽宁人民出版社，1989：545.
④ 沈孟瓔. 新中国60年新词新语词典［M］. 成都：四川出版集团，四川辞书出版社，2009.
⑤ 刘静. 社会安全与政治安全、经济安全关系辨析［J］. 滨州学院学报，2010（2）.
⑥ 林聪榕，李自力. 关于科技安全问题的理论思考［J］. 科技管理研究，2007（12）.

安全、内容安全和行为安全[1]。当前，全球信息化快速发展，信息技术在国民经济的各个领域得到广泛应用，对政治、经济、社会、文化产生深刻影响，国家间围绕信息获取、利用和控制的竞争日趋激烈，保障国家信息安全已经成为各国广泛关注的重要问题。

我国对信息安全高度重视。早在 2003 年，国家信息化领导小组就制定了《关于加强信息安全保障工作的意见》。2004 年，党的十六届四中全会审议通过《中共中央关于加强党的执政能力建设的决定》，强调要“有效防范和应对来自国际经济领域的各种风险，确保国家的政治安全、经济安全、文化安全和信息安全”，进一步明确了信息安全的重要性。2012 年，党的十八大报告强调指出，要高度关注网络空间安全。2014 年，习近平总书记进一步将信息安全纳入总体国家安全观。

9. 生态安全

生态安全，是指人的生活、健康、安乐、基本权利、生活保障来源、必要资源、社会秩序和人类适应环境变化的能力等方面不受威胁的状态，包括自然生态安全、经济生态安全和社会生态安全组成的一个复合人工生态安全系统[2][3]。20 世纪 80 年代，苏联切尔诺贝利核电站事故导致的人为环境灾难引起了人们对生态安全问题的关注。20 世纪 90 年代之后，水污染、大气污染、温室效应、厄尔尼诺现象等全球性环境问题日益显现，生态问题逐渐成为国家间政治博弈的重要手段和砝码。因此，生态安全已经与政治安全、军事安全和经济安全一样，成为国家安全体系中具有重大影响的安全领域。

10. 资源安全

从保障供给的角度看，资源安全是指一个国家或地区以持续、稳定、及时、足量和经济地获取所需自然资源以满足社会经济发展的需要。从资源开发利用的角度看，资源安全是指自然资源基础和生态环境在人类开发利用过程处于良好的

---

① 张焕国，王丽娜，黄传河等．信息安全学科建设与人才培养的研究与实践［A］//全国计算机系主任（院长）会议论文集［C］．北京：高等教育出版社，2005.

② 陈国阶．论生态安全［J］．重庆环境科学，2002（3）．

③ 杨京平．生态安全的系统分析［M］．北京：化学工业出版社，环境科学与工程出版中心，2002：131－132，129.

状态或未受到难以恢复的破坏。资源安全是一个复杂的综合系统，一般受资源禀赋、政治、经济、运输、军事等多方面因素影响。

资源能源是国家经济社会发展的重要基石。随着经济全球化及新兴国家工业化进程的加快，世界主要国家围绕资源能源展开的竞争愈演愈烈，资源安全问题已经成为世界各国的重要战略议题。近年来，我国经济快速发展，土地资源、水资源、森林资源、能源资源、矿产资源等方面均面临着不同程度的威胁，资源安全形势不容乐观。

11. 核安全

近年来，核恐怖、核安全事故接连发生，成为引起世界各国高度重视和普遍关心的重要问题。根据国际原子能机构定义，核安全包含两层含义，一是核安保（Nuclear Security），指对涉及核材料、其他放射物质及其附属设施的盗窃、蓄意破坏、非授权进入、非法转移和其他恶意行为的防范、探测和响应。二是核安全（Nuclear Safety），指在核设施的设计、建造、运行和退役期间，为保护人员、社会和环境免受可能的放射性危害所采取的技术和组织上的综合措施[①]。

核恐怖、核安全事故危害大、影响广，事关国家和人民切身安全和利益，因此我国对核安全工作高度重视，并将其纳入总体国家安全体系，明确了核安全的战略重要性。总体来看，我国面临的核安全威胁主要来自三个方面。一是我国所处地缘区域核武器部署较为集中，俄罗斯、印度、巴基斯坦、朝鲜等国及美国关岛基地等地区均部署了核武器，由于政治、民族、历史问题这些国家之间爆发战争使用核武器以及因此造成的核辐射污染的威胁无法消除。二是恐怖组织通过使用爆炸装置或蓄意破坏核设施等方式开展恐怖袭击成为恐怖活动的新样式，也给我国造成了新的核安全隐患。三是我国核电站等核设施大规模投入生产所带来的安全隐患。

（二）储备细化功能

综上所述，本书对总体国家安全观的主要安全领域进行了简要介绍，旨在厘清概念和我国在各安全领域的基本情况，并以此为分析框架为国家储备更好维护国家安全找准切入点，细化功能作用，具体见表6－9。

---

① 沈同强，张文宇．认清当前核安全威胁形势提升军队核应急处置能力［J］．核安全，2018（3）．

表6－9　国家储备功能细化

功能分类 安全领域	保险	储蓄	投资
政治安全	阻止或抵御影响价格或供应的单边政治行动	—	提供人道主义援助的物资供应；为邦交国家发生短缺时提供物资支持
国土安全	应对恐怖组织或分裂势力制造社会事件时造成的物资供应紧张	—	—
军事安全	防备多样化军事行动重要物资供应中断	扩充军备，提高军事实力	—
经济安全	阻止或抵御影响价格或供应的垄断行为； 预防或打击重要商品市场投机行为，避免市场非正常大幅波动； 支持国际重要商品市场稳定	调节供求关系，缓冲暂时短缺或过剩	优化国家金融资产结构，分散外汇储备、债券等“纸资产”的持有风险，提高资产安全水平，促进国际收支平衡
社会安全	应对重大突发事件，保证维持正常生产生活秩序所需的重要物资	—	—
科技安全	保证重要领域尖端技术研发和应用过程中重要物资供应	—	通过定向收储扶持和引导新技术研发和国内生产
生态安全	—	—	配合环境保护政策，通过定向收储鼓励回收
资源安全	抵御对外依存度较高的重要能源资源供应中断； 应对突发情况或季节性重要资源能源供应中断	建立资源地储备，保护稀有资源	提高资源价值，实现生产者剩余
核安全	确保核设备设施关键零部件、核原料等重要物资可靠供应； 为消除核事故、核恐怖袭击等带来的影响提供开展相关救助物资储备	—	—

第一，阻止或抵御影响价格或供应的单边政治行动。对于进口依赖度高、进口来源集中的重要物资，容易受到出口国单边政治行为的影响，一旦发生供应紧

张或供应中断，将对本国相关行业乃至整个国民经济造成恐慌和严重威胁。近年来，国际上单边主义和贸易保护主义盛行，石油、铁矿石等能源资源均发生过相关情形。例如，美国对航空器及航空发动机、惯性导航系统、激光器、光学纤维、贫铀、水下摄像机及推进系统、先进复合材料以及高科技通信器材等众多高新技术产品进行贸易管制，限制对华出口。2018 年，美国进而利用国内法单边对华发动贸易制裁，挑起中美贸易战。

第二，提供人道主义援助的物资供应。该功能是国家储备的常见功能，美国、俄罗斯等国均将此列入储备功能。党的十九大报告指出，要“坚持推动构建人类命运共同体”，并将其作为新时代坚持和发展中国特色社会主义的基本方略。提供人道主义援助是推动构建人类命运共同体，践行“做世界和平的建设者、全球发展的贡献者、国际秩序的维护者”的具体措施。国家储备通过储备相关援助物资确保人道主义援助物资及时供应。

第三，为邦交国家发生短缺时提供适当物资支持。我国政府以维护世界和平、促进共同发展为外交宗旨，一贯主张构建国际政治经济新秩序，形成政治上应相互尊重、共同协商，经济上应相互促进、共同发展，文化上互相借鉴、共同繁荣，安全上互信、互利、平等、协作。当邦交国家发生暂时短缺时，我国政府可利用国家储备为其提供物资支持，对于巩固和增强外交关系，提高我国国际地位具有积极作用。

第四，应对恐怖组织或分裂势力制造社会事件时造成的物资供应紧张。恐怖组织或分裂势力罔顾民生，通过制造恐怖和暴力事件等活动破坏基础设施、制造社会恐慌、扰乱正常生产生活秩序，这一过程中往往造成重要生产生活物资供应紧张，为此需要通过紧急调用国家储备提供物资保障。

第五，防备多样化军事行动重要物资供应中断。我国军队承担着多样化军事任务，包括维护领土、领海、领空安全，维护海洋、太空、网络电磁空间权益，维护国内社会稳定，参与国际维和、国际反恐、国际人道主义救援，参与抢险救灾等。这些军事任务中大部分具有急难险重的特点，对物资供应和保障具有较高要求，因此需要建立储备防止重要物资供应中断，为顺利完成军事任务提供保障。

第六，扩充军备，提高军事实力。现代战争呈高投入、高消耗的特点。战前对战场建设要求高、投入多，加之现代高技术武器装备价格昂贵，战时作战消耗快，耗费巨大。因此，充足的军事物资储备是军事实力的重要体现，也是打赢现代战争的必要条件。

第七，阻止或抵御影响价格或供应的垄断行为。垄断的弊端显而易见，如：扰乱市场秩序，导致市场失灵；推高产品价格，损害公众利益；滋生腐败，加剧收入分配不均；等等。因此，大部分国家对垄断采取了严格的限制政策。国家储备通过收放实施宏观调控，引导市场预期，调节供求关系，从防止或抵制因垄断行为造成的价格操控或供求失衡。

第八，预防或打击重要商品市场投机行为。平抑物价，打击囤积居奇等市场投机行为，是从古至今国家储备的一贯功能。当发生战争或重大突发事件时，社会恐慌气氛加剧，可能出现哄抢粮食、食盐、油料等重要商品的现象，而一些不法商家借机敛财，哄抬物价。国家储备通过政策宣传或市场投放，可以增强民众信心，稳定市场预期，从而预防或打击重要商品市场投机行为。

第九，支持国际重要商品市场稳定。随着全球化和经济一体化的深入发展，我国经济与世界经济联系越发紧密，国内市场与国外市场的互动性进一步增强，一旦国外重要商品市场发生风吹草动，很快将会传导到国内市场。因此，我们不能独善其身，必须努力维护良好的国内外市场秩序，支持国际重要商品市场稳定，从而为本国重要商品市场稳定和可靠供应营造良好的外部环境。

第十，调节供求关系，缓冲暂时短缺或过剩。国家储备充当经济的“蓄水池”或“缓冲器”，是国家储备调节供求关系，缓解暂时短缺或过剩的形象描述。对生产者而言，市场暂时短缺时，国家储备进行投放矫正扭曲的市场关系，使生产者不至于因为市场误判而盲目投入，扩大产能，从而避免产能过剩；市场暂时过剩时，通过临时收储，吸纳过剩产能，从而保持厂商正常生产，避免生产能力的闲置浪费或盲目转产。

第十一，优化国家金融资产结构，分散外汇储备、债券等“纸资产”的持有风险，提高资产安全水平，促进国际收支平衡。近年来，国际国内金融市场动荡加剧，外国债券、货币等金融资产投资风险加大，客观要求国家进一步优化金融资产结构。国家储备兼具实物属性和投资属性，相对于“纸资产”具有更好的抗风险性，对于提高国家金融资产安全性具有一定的可操作性和现实意义。事实上，早在20世纪30年代，本杰明·格雷厄姆就在其著作《储备与稳定》中提出了“一揽子”商品作为货币发行基础的设想。另外，改革开放之后我国长期存在的大规模贸易顺差，实质上是以大量资源廉价外流为代价，通过加大重要商品储备，能够在一定程度上回流部分重要资源能源以及平衡国际收支。

第十二，应对重大突发事件，满足维持正常生产生活秩序所需的重要物资供应。我国幅员辽阔，国情复杂，重大自然灾害等各类突发事件频发。各类突发事件发生时，往往由于交通基础设施受到破坏或社会秩序紊乱导致重要商品供给紧张甚至出现中断。在此情况下，国家储备可通过投放储备物资，保障维持正常生产生活所需的重要物资供应。

第十三，防止重要领域尖端技术研发和应用过程中关键材料供应中断。重要领域尖端技术研发和应用往往需要各类金属、非金属材料用于科学实验，这些材料一般较为稀有或较为敏感，无法及时进行国内生产或通过正常贸易渠道解决，因此需要国家事先进行储备以保证重要领域尖端技术研发和应用所需。

第十四，通过定向收储扶持和引导新技术研发和国内生产。根据产品生命周期理论，新技术研发和应用推广在市场机制作用下可能需要漫长时间。而且，新技术应用推广初期，相关产品价格高昂且可能存在一定技术缺陷，导致研发机构回笼资金困难，进而影响后续研发改进。为抢占科技前沿，加速技术创新和推广应用，国家储备可在重要领域新技术研发和国内生产初期进行定向收储，加速企业回笼资金进行后续研发，进而不断改进产品功能和质量，降低产品成本和市场价格，加速新技术应用推广。

第十五，配合环境保护政策，通过定向收储鼓励回收。“绿色”作为当前我国五大发展理念之一，是我国对全球生态环境变化和国内当前发展所面临的突出环境问题的积极回应。为贯彻绿色发展理念，国家储备可配合有关环境保护政策，优先收储满足较高环保标准或通过资源回收再利用生产的物资或回收物资，进而提高厂商环保意识，促进环保技术应用。关于国家储备鼓励回收的功能，在美国经济储备和日本国家储备相关法律法规中均有描述。

第十六，抵御对外依存度较高的重要能源资源供应中断。此功能是国家储备最常见的功能。有关研究显示，未来较长时间内，我国石油、铜等资源能源消费规模还将进一步扩大，国内重要资源能源已经远远无法满足需要，需要大量进口，对外依存度居高不下。以石油为例，2017 年其对外依存度已高达 67.4%。2015 年，国务院正式印发《中国制造 2025》，对全面提升中国制造业发展质量和水平做出重大战略部署，而重要资源能源的可靠供应是我国建设制造强国的基本保障。因此，国家储备应当继续加强重要能源资源储备，保障重点物资供给安全。

第十七，应对突发情况或季节性重要资源能源供应中断。受季节变化、交通能力限制等因素影响，煤炭、铁矿石等需要长途调运的重要物资的运需矛盾加剧，造成供应紧张。为应对此类情况，国家建立储备进行错峰调节，确保重要资源能源可靠供应。

第十八，建立资源地储备保护稀有资源。为保证稀有资源未来长期持续供应，划定部分重要能源资源矿藏地作为资源地储备，暂缓开发。

第十九，提高资源价值，实现生产者剩余。部分矿产资源因乱采滥挖、行业无序竞争等问题导致资源价值被低估，损害生产者乃至国家的整体利益。国家对此类物资进行政策性收储，通过扩大需求推动价格回归理性水平，从而增加生产者剩余，避免资源低价流出。2011 年，我国开始实施稀土战略储备，为促进稀土行业持续健康发展保驾护航，在一定程度上提振了稀土市场价格，使其更加合理反映环境、资源和社会成本。

第二十，防止核设备设施关键零部件、核原料等重要物资可靠供应。

第二十一，为消除核事故、核恐怖袭击等带来的影响开展相关救助物资储备。

第七章　储备运作管理多元化

第一节　储备运作管理多元化的内涵和意义

储备运作管理多元化是指储备主体通过各种方式对客体施加作用，使其按照一定的机制进行运作。广义的储备运作管理包含的内容比较广泛，如储备战略和规划管理、储备物资（或仓库）管理、收储投放管理、储备资金管理等。狭义的储备运作管理主要指对收储、轮换、投放三种储备行为的管理。本书所指储备运作管理为狭义概念。

储备运作管理多元化是指收储、轮换、动用过程中所采取的管理方式、手段或实施途径的多元化。管理方式、手段和途径在很大程度上受到储备主体、储备客体的制约。具体来说，对同一储备品种而言，政府、企业、社会机构作为不同的社会组织形式，基于各自出发点的不同，可能会采取不同的管理方式，而不同的管理方式就意味着不同的管理手段。如政府作为行政主体，从事储备管理一般采取行政管理方式，管理手段包括行政手段、法律手段等。企业作为市场主体，从事储备管理则会选择市场管理方式，管理手段包括价格手段、竞争手段等。

改革开放以来，我国社会发生翻天覆地的变化，为适应各种变化，尤其是适应社会主义市场经济体制要求，势必对储备的运作管理进行调整。在这一调整过程中，既不能全面否定和舍弃以前（指计划经济体制下）的管理运作方式，也不能故步自封盲目否定各种新的管理运作理念和方法，必须根据我国储备的实际情况创新思维、综合考虑，使储备运作管理更加有效、灵活、多样。当前探索储备运作管理多元化的意义主要体现在以下两个方面：

第一，有利于更好地处理储备运作管理中政府与市场的关系。党的十八届三中全会指出，经济体制改革是全面深化改革的重点，核心问题是处理好政府和市场的关系，使市场在资源配置中起决定性作用和更好地发挥政府作用。划清政府与市场的边界，是市场机制能解决的，政府就不要干预，当市场失灵时，或市场解决不了的问题，如公共产品的提供、外部性等，就需要政府来解决。经济活动应该更多地由市场来进行，而公共物品、社会管理及外部性市场失灵的领域应该由政府来管。在资源配置方面，要发挥市场在配置资源的基础性作用，政府只起辅助性作用。政府应该偏重于宏观管理、市场规则的制定、市场秩序的规范、社会诚信的建立，而市场则在制度下实现资源的最佳配置。社会主义市场经济体制下的国家储备，一方面要针对那些市场失灵或市场本身无法很好地发挥资源配置作用的领域，弥补市场的不足；另一方面要充分发挥市场在资源配置方面的作用，并为其能更好地发挥作用创造良好的宏观环境。

第二，有利于提高储备运作管理的效益和效率。效益是解决回报问题。任何储备都有投入，不论是政府投资还是企业、个人投资，效益问题不可避免。既要考虑小范围收益，还要放在宏观环境中“算大账”。效益是储备管理的重要目标。管理多元化，一方面要将计划与市场的不同管理手段有机地结合，遵循市场规律；另一方面要把握收储、轮换时机，有效解决储备的成本—收益问题。以轮换时机为例，储备物资因为特定原因需要在一定时期内进行轮换，而轮入轮出时机的选择对储备收益至关重要。当前储备轮换已逐步与市场接轨，很多时候还会在国际市场进行交易。在这种情况下，只有储备主体密切关注和科学预测市场的发展变化，合理确定政策目标，科学制定储备运作策略，才能有效地发挥储备的积极作用。

效率是解决资源配置的问题。储备运作既要考虑储备的公益属性，又要发挥市场的作用，优化配置各种资源，提升管理效率。政府通过计划手段配置资源，往往有很多缺点，比如决策效率迟缓，影响了储备的作用效果。在社会主义市场经济体制下采取市场调节的方式，实施者是市场，其微观基础是作为市场活动主体的自主经营、自负盈亏的企业，调节的机制是竞争，这就提高了资源配置的效率。例如在储备运作的过程中，可以采取与企业联营或参股控股的方式，掌控一定的资源，以供不时之需，可以节约政府直接储备的高额投入，提高储备运作的效率。

第二节　收储管理多元化

一、储备物资来源多元化

（一）用好国际国内两个市场

在全球经济一体化日趋明朗的今天，只有建立开放的、充分利用国内外两种资源的资源供应体系，实施两种资源、两个市场的全球资源战略，才能更有效地保障我国建设与发展所需要的资源供应。国家储备也应当具备国际眼光，在全球范围内配置储备物资，利用好国内外两种资源两个市场。一方面，这可以更好地保护本国稀缺资源，延长国内资源保障年限，对维护国家安全和在未来国际竞争中取得资源优势意义重大。另一方面，这可以起到促进国际收支平衡，防止过多资源外流。目前，我国外汇储备规模庞大，过多的外汇储备将给外汇资产的保值带来巨大的压力，利用一定的外汇储备采购储备物资，可以实现外汇储备资产的合理化配置。

储备利用国际市场获取物资的方式主要有：一是直接购买。当国际市场上目标商品处于合理价格区间时，有关部门可直接或委托相关机构进行采买。目前我国有 90% 以上的进口矿产是以贸易方式直接从国际市场上购买。二是与当地企业联营。三是参股、控股。采取这种方式既可以获得稳定的产品供应，又可以通过股利或者股票溢价获得补偿。四是以股权换资源。不以现金直接参股国外资源公司，而是在保持控股权的前提下，以我国相关行业公司的股权换国外资源公司的股权，形成交叉持股，既实现了国际投资，降低了资源风险，又分散了股权结构，有利于引进国外先进投资和管理经验。

储备在用好国外市场和资源的同时也应用好国内市场。目前，我国经济社会快速发展，市场不断繁荣，国内各种商品和物资极大丰富，为储备采购物资提供了巨大的选择空间。需要指出的是，从国内采购储备物资对本国市场具有一定的益处，储备采购物资能够扩大本国消费需求，消化国内产能，稳定国内市场，促进市场繁荣。例如，为应对2008年金融危机的巨大冲击，我国实施了有色金属收储政策，为市场提供了暂时需求，帮助重点行业、企业渡过难关，维护了社会稳定和产业安全。另外，储备通过对特定行业企业实施定向采购，可以起到扶持弱势产业发展的作用。当前，我国在诸多高新技术产业尚未站稳脚跟，而这些产业进入门槛高，研发投入大，发展初期必然面临巨大的资金压力，且由于技术落后和规模不经济造成成本居高不下，使其无法与国外领先企业抗衡，此时储备从产业安全的角度出发通过定向收储为其提供暂时市场，助其渡过难关。

（二）采用期货现货两种交易方式

从商品交易的一般方式上看，主要包括现货交易、期货交易和电子交易三种。现货交易是指买卖双方出自对实物商品的需求与销售实物商品的目的，根据商定的支付方式与交货方式，实物商品即时或在较短的时间内进行交货，随着商品所有权的转移，同时完成商品实体的交换与流通。现货交易是人类历史上最古老的交易方式，从最初的物物交换，发展到后来普遍采用的零售、批发、代理交易、现金、信用、票据、信托交易等，大多都是现货交易的具体应用形式。期货交易是指在期货交易所内集中买卖期货合约的交易活动，是一种高度组织化的交易方式，对交易对象、交易时间、交易空间等方面有较为严格的限定。电子交易是指利用网络提供的通信手段在网上进行的交易，其性质介于现货交易与期货交易之间，是现货向期货过渡阶段的一种交易方式。现货交易是期货交易和电子交易的基础，期货交易和电子交易是社会经济发展到一定阶段产生和形成的。储备物资采购的交易方式可以比较灵活，根据不同的交易需求确定交易方式。

储备物资采购采取现货交易方式的优点在于：一是能够在较短时间内获取储备物资，效果直接。现货交易交收时间短，即时成交，货款两清，或在较短的时间内实行商品的交收，对交易对象或其所在行业的作用效果较为直接。二是覆盖产品的范围广，交易限制少，操作简单。现货交易运用广泛，不受交易的时间、地点、人员、品种规格等方面的限制，可在任何时候、任何地点通过交易获得所需要商品。三是信息明确。采购储备物资时根据市场供需关系和当期市场行情进行决策，市场干扰因素少。四是交易指向性强，可以根据需要有重点地选择交易范围、交易对象等。现货交易的不足在于：一是交易后流动性较差，投入资金周转慢，资金成本高。二是交易标的物非标准化，需要交易双方进行共同约定。三是信用风险较高，交易对象可能因为市场变化（尤其是市场行情较好的时期）单方面违约。为了克服现货交易的以上不足，储备物资采购中也可以适当考虑现货电子交易，这种交易方式兼具现货交易和期货交易的优点。

期货交易自诞生以来经历了百余年历史，交易品种推陈出新，交易制度逐步完善，立法监管日益健全，为众多参与者提供了良好的商品交易和投资平台。近年来，随着我国经济快速发展和经济运行质量不断提高，国内期货市场日益繁荣并不断成熟。这就为储备利用期货交易方式进行物资吞吐创造了条件。储备物资收储采用期货交易方式的优点在于：一是信用风险小。期货商品的质量、数量有保证，且期货履约保证金制度也消除了交易双方由于不按时履约而产生的诸多矛盾。二是规避风险，套期保值。套期保值是期货交易的重要功能之一，储备可通过期货交易提前锁定商品交易价格，避免因市场异动造成风险损失。三是影响范围广。期货市场具有稳定市场经济和服务实体市场的双重作用，其独特的制度设计吸引了众多参与者，同时期货市场是市场的晴雨表，并兼有价格发现功能，对市场具有很强的导向作用，因此能够扩大储备在市场上的影响范围，更好地实现储备调控目标。目前，有关储备部门已经在期货市场上进行相关操作。例如，粮食储备、食糖储备利用期货交易平台进行采购和投放并进行实物交割。

目前，有专家受到期货交易方式的启发提出期货储备的概念。所谓期货储备，是指用直接持有储备目录商品的期货合约，并以此替代持有实际商品的储备形式。期货储备概念的提出具有一定创新性和可行性。首先，随着期货商品的推陈出新，所涉及的商品不断增多，目前主要能源、重要金属、初级农产品等都形成相应的期货合约，而其中有很多是储备商品。其次，期货合约到期后可以进行交割，能够获得实物商品。最后，期货储备可以通过在期货市场上进行运作实现调控目标，并可以通过期货保证金的杠杆效应放大储备的作用。综合以上几点，期货储备具有一定的可行性，尤其适用于调节储备（或称经济储备）。然而，期货储备从本质上说是一种虚拟储备，从合约到实物交割需要一个过程，不能像实物储备那样可以在短时间内投放市场弥补供应缺口以及其他应急需要，尤其在战争、恶劣天气等极端情况下无法保证最终获得实物商品，因此期货储备在战略储备中应用的局限性较大，不建议采用，即使在调节储备中也应当合理确定期货储备和实物储备的比例。另外，期货操作较为复杂，存在较高的风险，如交易风险、投机风险、市场效率风险和流动性风险，这导致期货储备的不安全性增加。例如，2005 年的国储铜事件中因为操作者过度投机和监管不严导致国家利益受到重大损失。又如 2004 年发生的中航油事件，足以证明期货市场的巨大风险，它既能造就一个企业神话，又能将它瞬间吞噬。

二、采购方式多元化

储备物资采购方式是指储备采购部门根据储备计划采购储备物资过程中所运用的方法和形式的总称。

（一）按物资管理权限划分的储备采购方式

1. 计划订购

计划订购是指企业按照国家和地方政府下达的计划分配指标，向指定的生产企业购进物资的一种进货方式，其供需衔接一般是在行业主管部门组织召开的订货会议上，通过供需单位签订购销合同来实现。这种采购方式是计划经济下的一种产物，一般在国家垄断的行业中采用。目前，国家储备成品油的采购方式就是采取计划订购的方式，由国家发展改革委在年度国防军工及民航用油平衡分配计划中安排年度国家储备用成品油品种、数量。根据该计划，国家物资储备局参加中石油、中石化两大集团的季度排产会议，申请每季度各月份成品油收储计划。两大集团安排季度各月计划后，储备局与集团销售公司或其下属的大区销售公司就资金支付、结算方式等进行协商，组织接收油料，价格执行国家定价。

市场经济下，计划订购方式缺点不断显现。计划订购不能及时正确地反映供需关系，扭曲了价格信号，不利于储备物资采购计划的及时调整。我国储备成品油采购的计划就难以保质保量地进行，年度计划难以按照收储计划履行的现象经常发生。

2. 市场选购

市场选购是指储备物资采购部门根据采购计划按照择优选购的原则，在市场上通过公平竞争选购物资。其供需衔接是由储备物资采购部门和供货企业双方在自愿互利的基础上，通过市场实现交易。随着我国社会主义市场经济体制的不断完善，市场采购成为国家储备物资采购的主要方式。

按照是否具备招标性质，市场采购又可分为招标性采购和非招标性采购。招标性采购是由需方提出招标条件和合同条件，由许多供应商同时投标报价。通过招标，需求方能够获得价格更合理，条件更为优惠的物资供应。非招标性采购是指以公开招标和邀请招标之外的方式取得货物、工程、服务所采用的采购方式。

按照招标范围分为公开招标采购、选择性招标采购、限制性招标采购。公开招标采购是指招标人（政府采购中心或其委托的中介机构）在媒体上公开刊登通告，吸引所有有兴趣的供应商参加投标，并按一定的程序选定中标人的一种采购方式。选择性招标采购是指通过公开程序，邀请供应商提供资格文件，只有通过资格审查的供应商才能参加后续招标。限制性招标是指不通过预先刊登公告程序，直接邀请一家或两家以上的供应商参加投标。储备物资采购部门可根据采购物资的性质、预期采购效果等制定具体的采购计划。例如采购具有特殊军事、民用的物资时，可采取非招标性采购，通过代理商完成交易。

（二）按照采购物资的频率和数量

储备物资采购通常具有两种目的：一方面，是按照一定的数量质量要求购入储备物资，以实现储备物资采购计划，例如，根据《国家战略物资储备十年规划（2006～2015年）》到2015年国家成品油储备规模为××万吨，为实现这一目标，国家物资储备必须在规划期内按照一定的计划完成收储。另一方面，储备物资采购本身也是实现特定储备政策目标的一种手段。国家储备采购活动具有调节供需关系，引导市场预期的作用，这一作用在证券特别是期货市场上表现得尤为突出。例如2011年，国务院下发《关于促进稀土行业持续健康发展的若干意见》（国发〔2011〕12号）中提出建立稀土战略储备体系，国家物资储备局随后启动了稀土收储工作，这是证券市场一大利好，大大提振投资者信心，宝钢稀土等相关企业市值大幅提高。由此可见，储备采购（尤其是通过市场公开采购）必须根据收储目的合理确定批次批量以及采购时机。

储备物资采购可按照采购的频率和数量分为小批量多批次采购和大批量少批次采购。小批量多批次采购，每次从市场采购的储备物资规模较小，相应产生的市场影响较弱。当前，在国家物资储备工作实践中，有时采购（收储）仅仅是为了实现采购的第一种目的，但大量采购在市场投机氛围较浓的背景下，可能导致市场价格的大幅波动，扰乱正常的市场秩序。在这种情况下，需要变换储备的采购方式，控制单次采购数量，采取少量多次采购的方式以降低储备采购（收储）对市场造成的不利影响，顺利完成收储计划。大批量少批次采购，每次从市场采购的储备物资规模较大，相对产生的市场影响较大。大批量采购有可能造成市场价格的大幅度波动，容易达成储备预期的政策效果，此种采购模式在物流成本和价格上比较有优势。

第三节　处置管理多元化

所谓储备物资处置，是指储备完成收储入库后，储备管理部门根据储存质量管理要求、储备需求而对储备物资进行处理安排。总的来说，物资处置有两种情形：第一种情形是为保证储备物资质量，需要定期进行处置，即轮换。根据2000年原国家计委办公厅印发的《国家物资储备收储、动用和轮换暂行办法（试行）》（计办综合〔2000〕639号）第六条的规定，轮换是指为保持储备物资质量优良、品种和规格适用并根据合理储存年限而进行的更新行为。第二种情形是为应对重大突发事件导致的重要商品市场异常波动、供应紧张或中断而对储备物资采取处置措施，即动用。本书着重从处置渠道和轮换方式两个方面进行介绍。

一、处置渠道多元化

处置渠道一般包括两种。一种是通过市场化方式进行，即公开市场操作；另一种是管理部门规定储备物资的使用方向。前者是目前储备处置的主要方式，《国家物资储备管理规定》规定，除国家规定或经国务院批准必须实行定向收储、定向动用、定向轮换的，国家储备物资的收储、动用、轮换，一般应当通过市场化方式进行。

（一）公开市场操作

随着我国社会主义市场经济体制的不断完善和全球化的不断深入，我国现货、期货市场日臻完善并逐步与国际接轨，这为国家储备物资的公开市场操作创造了条件。通过公开市场操作一方面可以充分利用国内和国外两种资源两个市场。在储备物资的国际市场价格低于国内市场价格时，加大进口量，增加储备规模，在储备物资的国际市场价格高于国内市场价格时，主动卖出，这样一进一出，既实现了推陈出新的轮换目标，又保证了一定的收益。另一方面公开市场操作一般采取公开竞买和竞卖的方式进行，可以避免“寻租”和暗箱操作，保证市场的公开、公正，有利于规范轮换主体的市场行为。国家物资储备在市场上公开竞买或竞卖实际上也起到价格标尺的作用，对市场价格会起到一定的引导作用；公开竞买可以降低储备物资的轮入成本，而竞卖有利于提高储备物资的轮出收益，“一减一增”有利于提高物资轮换的经济效益。

为保证公开市场操作合理有效，储备物资运作管理的决策部门应当建立一套科学有效的预警监测和评估机制，保障决策的正确、科学，避免对市场不合理的干预。第一，我们要建立一套科学的储备物资监测预警机制，提高调控的预见性、针对性，提早发现市场价格的异常波动以及一些苗头性、倾向性问题，并及时采取措施，未雨绸缪。第二，储备物资处置完成后，相关储备管理部门应及时对储备处置进行效果评估，确保储备处置的有效性，对储备处置可能造成的不良影响做出预估并及时校正。

不同的投放决策可以导致不同的投放效果，但是目前对于投放效果的差异化评价还只是停留在定性层面，没有一个科学的、准确的量化体系，这使得决策机构在评估决策效果以及改进完善机制方面缺乏支撑。因此，为了更好地掌握储备物资轮换和动用的效果，为未来的轮换和动用决策提供参考，亟须建立一套科学的、准确的量化体系。

（二）定向处置

定向处置是指根据轮换和动用所预期达到的政策效果，预先确定轮入、轮出和动用储备物资的对象，一般通过与该种物资主要生产和消费企业签订协议来实现。

国家储备成品油轮换主要采取定向轮换的方式。目前国家储备成品油轮换包括两部分内容：一是民用油料的轮换，包括汽油、轻柴油和航空煤油；二是与中国人民解放军总后勤部之间的军用油料轮换，包括航空煤油和军用柴油的轮换。以国家储备成品油为例，民用油料的轮换主要是与中石油、中石化两大集团签订轮换协议（也包括一些指定的企业，但比重较少）。民用油料轮换主要是国家物资储备局负责提出国家储备油料轮换计划，报国家发展改革委，审议通过后实施。军用油料的轮换主要是储备局每年向中国人民解放军总后勤部提出下一年度军用油料轮换计划。经双方确认之后，在该年度中国人民解放军总后勤部通过铁路军事运输计划负责安排军用油料的轮出和轮入。

与公开市场操作相比，定向处置的方式对特定行业的政策导向更加明确，除可能在调控价格方面发挥作用外，还对支持特定行业的生存发展具有重要作用。例如 1972 年，美国实施钛储备计划，旨在应对当时美国钛行业受到的市场威胁，维持本国钛行业的生存发展。1972 年 1 月，美国应急准备局授权总务局采购 7000 吨海绵钛，并与美国当时两家最大的生产企业 TIMET 和 RMI 达成协议，两家企业分别以 1245 美元/磅的价格提供 3250 短吨海绵钛，两年内交付。协议规定，要求两家参与的生产企业在 10 年内回购，即政府采购期后的 8 年，回购价格可以选择以 1245 美元/磅的原始采购价格或以回购时的市场价格回购。

二、轮换模式多元化

根据国家储备物资承储单位在轮换过程中的自主性，可将储备轮换分为动态轮换和非动态轮换。

（一）动态轮换

动态轮换是指在储备政策和计划允许的范围内，国家储备物资承储单位根据储备物资市场情况自主确定轮换时机、数量、方式等。例如粮食储备企业根据粮食库存数量和质量，对不同品种、品质的粮食，自主选择轮出轮入的时机和方式，先轮换价位高、超水分、高杂质的粮食，后轮换价位低、水分合理、低杂质的粮食。另外，承储单位也可以将储备轮换与自身生产经营活动联系起来，采用先进先出的库存管理方法先使用作为储备物资的原材料并及时补充储备库存。

动态轮换对保证储备物资质量，减少储备变质损耗，实现储备保值增值具有积极作用。第一，储备物资因大规模集中轮换可能导致市场阶段性、结构性饱和，对市场造成不利影响，动态轮换模式下承储单位可根据市场实际情况自主选择轮换时机，使轮换时间和数量分布更广，从而降低了大规模集中轮换对市场造成的不良影响。第二，动态轮换能够提高承储单位轮换积极性，其可根据市场行情及时组织轮换。一方面可减少储备物资因长期闲置造成的变质，实现储备物资常储常新，进而提高储备物资质量；另一方面能够提高承储单位的经济效益。第三，动态轮换有助于及时调整储备物资的品种规格，由于动态储备与市场结合得更加紧密，轮换价格的变化在很大程度上反映出市场供需关系和储备物资生命周期所处阶段，储备决策部门可据此及时调整储备物资的品种规格。

（二）非动态轮换

非动态轮换是相对于动态轮换而言的，一般做法是储备承储单位根据储备主管部门的计划指令在指定的批次、时间、范围内进行轮换，此种轮换方式在我国储备实践中较为普遍，具体的轮换形式主要包括三种，分别是等量或等价值量轮换、实物交换和重新加工。这三种轮换方式都以保证储备物资数量不变为前提。

1. 等量或等价值量轮换

国家储备物资因质量、规格及技术更新原因需要换出的，应同时购进同品种、同数量或同等价值的储备物资。

2. 实物交换

按照有关规定，火炸药、军用油料等特殊性物资，存储部门将库存物资直接移交给特定单位。与此同时，接收单位须安排同等数量的同一种物资移交给存储部门。

3. 重新加工

储备物资需要加工转化为更适于储存的形式时，由储备主体通过一定的方式自行或委托相关企业组织重新加工。

第八章　储备发展展望

党的十九大确立了中国特色社会主义进入新时代，对国家储备在内的各行各业发展改革提出了新要求、新任务。当前，我国改革进入攻坚期和深水区，艰巨性、复杂性前所未有，面临诸多交织叠加的矛盾和接踵而至的各种风险。为更好地防范化解重大风险挑战，有效发挥国家储备功能作用，本章将按照有关政策要求，结合国家储备改革发展中面临的主要问题，运用储备多元化理论成果，浅析当前和未来储备发展改革的趋势和路径。

第一节　优化储备顶层设计和运行机制

一、加强顶层设计，加快推动储备改革创新

（一）建立健全政府储备和企业储备并举的生产资料储备制度

目前，我国储备以政府储备为主，企业储备（包括企业义务储备和企业商业储备）正在探索完善当中。政府储备和企业储备各有优缺点。政府储备由政府出资建立并有效掌控，可随时调用，但会占压较多财政资金，且管理成本较高，轮换更新易发生迟滞。企业储备包括企业义务储备和企业商业储备。一方面可以提高企业生产流通过程的稳定性。另一方面可降低财政资金投入和占压，且储备物资轮换可与企业生产流通环节相结合，更新及时顺畅，但企业储备存在较大监管

风险，可能出现以次充好、挪用盗用等问题。建立健全政府储备和企业储备并举的生产资料储备制度，能够实现两者优势互补，有利于进一步完善储备制度，从而实现提高重要物资保障能力，降低财政资金投入，优化储备轮换更新机制，提高管理效率。

借鉴日本、德国等国家储备管理模式，应当进一步建立健全政府储备和企业储备并举的储备制度，多元化储备主体，进而有效整合社会资源、提高管理效率、降低储备成本。

第一，储备投资主体多元化，主要是解决由谁来建立储备。关于由谁建立储备包括两种：一是国家（包括政府、军队及其他国家机构）出资建立，主要使用财政资金，也可采取财政补贴、银行贷款的方式更大发挥财政杠杆作用，包括政府储备、军队储备；二是社会组织或个人储备，主要是利用企业或个人自有资本或整合民间资本（主要是银行贷款），包括企业义务储备、企业商业储备和个人储备。

第二，储备管理主体多元化。从储备管理主体的组织方式看，一是以行政和计划指令为主，二是以现代企业管理和市场手段为主。两者各有利弊，但后者更有利于提高储备运行管理效率。因此，储备管理部门应当进一步完善企业代储制度。

第三，完善储备顶层设计。我们欣喜地看到，党的十三届全国人民代表大会第一次会议审议通过的《国务院机构改革方案》[①] 中提出，组建国家粮食和物资储备局，将国家粮食局、国家发展改革委、民政部、商务部、国家能源局等部门关于战略和应急储备物资收储、轮换、日常管理等职责进行整合，这对进一步完善国家储备顶层设计，优化储备运行机制，加快形成协调统一、集约高效的国家储备体系具有重要意义。

（二）提高储备应战应急转换效率

军民融合发展是统筹我国经济建设和国防建设的重大发展战略。习近平总书记指出，“要正确把握和处理经济建设和国防建设的关系，使两者协调发展、平

① 国务院机构改革方案［N］．人民日报，2018－03－18（6）．

衡发展、兼容发展”①。军队储备、政府储备，抑或是国防动员储备，从品种构成上看有所重合，从储存管理所需的设施设备看也可以共享共用，更重要的是各类储备在功能上也大致相同，即“平时服务、急时应急、战时应战”②，只是各有侧重。因此，军队储备、政府储备、国防储备等不同储备主体管理下的各类储备具备融合发展的基础和条件，能够通过相互融合实现集约品种规模，优化资源配置，进而降低储备社会成本，提升安全保障能力。

就储备军民融合而言，其发展好坏的衡量指标是应战应急转换效率，确保在平时、急时、战时都能够有效发挥保障作用，其关键是建立有效的协调机制。为此首先，应当有一个强有力的决策和协调机构，建议可在国家安全委员会、中央军民融合发展委员会等机构下做出制度安排。第一，在现有管理格局下实现跨部门联席会议常态化，通过各部门有效沟通推动融合。第二，建立和完善运行机制和军民融合发展制度体系，明确管理要求和部门职责。

二、健全运作机制，促进储备科学发展

我国物资储备以政府储备为主，运行管理过程中带有较强的行政色彩。这种运作方式在计划经济条件下能够有效运转并发挥了积极作用，但随着社会主义市场经济体制的建立和完善，原有储备运作模式的不适应、不符合日益显现，集中表现为市场手段在储备运作管理中运用不充分，储备收储轮换动用机制不健全，储备绩效评估工作滞后。为进一步完善储备运作机制，有效发挥储备作用，建议重点推动以下几个方面工作。

（一）正确发挥政府和市场的作用

党的十八届三中全会确立了市场在资源配置中的决定作用，如何将市场化的理念和手段有机运用到我国储备运作管理中，成为当前各储备部门面临的重要改革问题。总的来看，市场手段有利于提高储备运作效率，降低储备运行成本。根据公共产品供给理论，储备作为公共产品，政府可更多作为提供者，市场可更多作为生产者，即通过政府购买服务的方式将储备的储存管理等工作委托企业完

① 李婧．习近平五大发展理念之二：协调是手段又是目标［EB/OL］．中国经济网，http：//www.ce.cn/xwzx/gnsz/szyw/201602/07/t20160207_ 8799916.shtml，2016.

② 任民．国防动员：平时服务·急时应急·战时应战［J］．国防，2007（4）：14－17.

成。另外，我国企业义务储备、商业储备正在探索阶段，这些也都是政府储备的有益补充。此外，储备的投资巨大，包括储备仓库的基础设施、运行维护成本以及持有储备物资占压的大量资金，这方面如果能与市场有机结合，吸收社会资本参与储备基础设施建设，引导企业开展商业储备，可极大降低储备的持有成本，减轻财政负担。

（二）加快建立资源安全预警监测体系和评估机制

预警监测是储备正确决策的必要前提，但由于储备管理部门和相应行业管理部门相互分离，对相关领域及重点事件的跟踪不紧、研判不多、反应不及时，进而影响储备政策措施的及时性针对性。金融危机以来，我国面临的外部风险更加复杂多变，政府对预警监测工作更加重视，关于预警监测的内容在重要政策文件中频繁出现，涉及金融监管、生态环境监测预警、海洋资源环境保护、资源环境承载能力监测预警、安全生产、防灾减灾等众多领域。

储备是防范风险的重要政策工具，因此应当高度重视对相关领域的预警监测，及时发现和化解风险，提高政策的针对性和精确性。随着大数据、云计算等现代信息技术的广泛应用，预警监测技术和设备不断更新升级，我国“十三五”规划指出，要“加强国家安全科技和装备建设，建立健全国家安全监测预警体系，强化不同领域监测预警系统的高效整合，提升安全信息收集分析和处理能力”。储备预警监测也应当按此要求，继续加大基础投入，有效对接相关部门和领域预警监测系统，提升储备预警监测能力。

（三）加强政策评估和储备绩效评估

政策评估指由各种组织或个人针对一项政策的方案、执行过程、政策结果等方面所进行的评价，从而对政策的未来走向做出基本的判断，并作为调整、修正政策和制定新政策的重要依据①。20 世纪 90 年代以来，政策评估受到越来越多的国家和国际组织重视，我国也开始针对重大政策规划进行评估，例如“十一五”规划纲要开始提出“要对规划实施情况进行中期评估”。

政府绩效管理，是政府部门有效履行职能、落实重大决策部署、推动重点工作以及加强自身建设的有力保障，有利于转变政府工作作风，提高政府的公信力

---

① 赵海娟，包蕴涵．建立公共政策评估制度是大势所趋［J］．工会信息，2014（26）：12－14.

和执行力。我国“十二五”规划纲要提出，“建立科学合理的政府绩效评估指标体系和评估机制”。2013 年，《国务院工作规则》规定，“国务院及各部门要推行绩效管理制度和行政问责制度”①。大力推进政府绩效管理，是深化行政体制改革的必然要求。政府绩效评估并不同于政策评估，前者是对政府部门的工作进行全面和系统的评估，后者是对政府决策以及执行政策的一种监督②。

本书认为，储备绩效评估既包括对储备相关政策评估，又包括对承担储备工作的政府部门是否有效履行职责的评估。目前，储备领域的政策评估和部门绩效管理工作还有待进一步加强，实践中存在储备政策方案科学性、操作性不强，贯彻执行打折扣，政策执行效果不明确、不理想等问题。开展储备政策评估有助于帮助我们弄清储备政策发挥的实际效果和政策本身存在的偏差和不足，有利于进一步提高储备政策的科学性、针对性、有效性。同时，构建服务型政府是新时期我国行政体制改革的新要求，储备相关部门加强绩效评估管理落实科学发展观和构建服务型政府的重要举措，有利于储备部门更好履行部门职责、更好推动重大决策部署和重点工作的贯彻落实。

加强储备部门绩效评估，首先，转变观念，摒弃“专制主义”和“官僚主义”，创新行政文化，不能将绩效管理等同于上级对下级打分排名、评优罚劣的考核工具。其次，推动绩效评估的制度化和规范化，明确评估的标准、内容、对象、形式以及结果的运用等相关内容，逐渐完善包括目标管理机制等在内的政府绩效评估机制。最后，促进绩效评估主体多元化，完善评估的组织体系和绩效奖惩机制③。

（四）完善储备运作机制

1. 完善储备需求形成机制

储备的存在并非必然，取决于一国发展对储备的需求，受国防形势、地缘政治、社会发展阶段、技术进步等多种因素影响。例如，一国工业化前期对重要矿产的需求不断扩大，导致部分矿产资源对外依存度加大，供应中断风险加剧，要求储备部门建立相应储备并保持一定储备量，而到工业化中后期，上述矿产需求

---

① 刘旭涛．如何推进政府绩效管理［N］．人民日报，2013－07－03（7）．

② 朱广忠．西方国家政府绩效评估：特征、缺陷及启示［J］．中国行政管理，2013：108.

③ 靳琮旻．服务型的政府绩效评估研究［J］现代商贸工业，2016（33）：253－355.

规模将回落，储备部门也因此应当考虑对其储备规模进行压缩和调整。这就要求储备部门要逐步建立和完善储备需求形成机制，及时将这些变化反映到储备的品种、规模、布局等重要储备决策上来，重点解决“储什么”“储多少”“储在哪”等问题。完善储备需求形成机制，前提是明确储备的功能作用或政策目标[①]。需要强调的是，储备在宏观调控方面要注重发挥市场在资源配置中的决定作用，尽可能少地干预市场。

储备需求形成机制的建立应注重动态优化，定期针对重要领域急需、紧缺、关键物资进行评估，适时调整。运行过程中，一方面注重运用大数据、云计算等现代信息技术进行预警监测，主动加强对相关领域重要物资（商品）的跟踪研判，及时掌握需求变化趋势。另一方面加强与相关行业主管部门、行业协会、重点企业的沟通和联系，准确把握行业发展动态。

2. 逐步健全储备收储、投放、应急反应机制

储备收储和投放是基于储备需求和政策目标按照计划指令获取或释放储备物资的活动，重点解决“何时收（投）”“怎么收（投）”等问题。其中，“何时收（投）”是收储投放的时机选择问题，在既定的政策目标下明确收储投放的触发机制和临界条件，同时要做好收储投放预案，完善储备应急反应机制，优化决策流程，及时把握收储投放时机。“怎么收（投）”是收储投放的方式问题，比如无论是采用公开竞买（卖）的方式还是在一定范围内通过议价或计划指令实现收储投放；无论是在国内市场进行操作还是在国外市场进行操作；等等。这些需要根据不同储备物资的市场特点、收储投放目标综合考量。值得一提的是，粮食、棉花等在收储投放过程中均建立的电子交易平台，并形成了一套较为完善的电子交易规则，有利于储备提高收储投放效率，降低交易成本，营造良好交易环境，这种方式值得相关储备管理部门参考借鉴。

政府临时储备（收储）是粮食、棉花等储备部门较为常用的调控手段，其

① 美国经济储备提出储备目标，包括阻止或抵御影响价格或供应的卡特尔或单边政治行动（政治性供应中断）、非政治性进口中断的影响（非政治性供应中断）、支持国际物资市场的稳定、在友好国家发生暂时资源短缺时提供支持提高或维持外国的资源生产、本国和外国之间的商品交换、保护国内稀有物资、支持部分进口资源的国内生产、推进资源生产新技术、鼓励回收利用、为暂时过剩提供市场并缓解暂时短缺。

中粮食临时收储制度建立于2007年，棉花临时收储制度建立于2011年。政府临时收储不同于最低价收储，前者主要是解决卖粮（棉）难问题，后者主要为稳定农民种粮（棉）预期，保证总供给①。政府临时收储是一把“双刃剑”，一方面对保护农民利益，提升国家宏观调控能力具有积极作用，另一方面也抬高市场价格和国内用粮（棉）企业成本，并进一步加重了财政负担②③。因此应进一步完善政府临时储备的触发机制和退出机制，把握好调控的时机、节奏和力度，使市场机制在国家宏观调控下更好地发挥对资源配置的决定作用。

3. 健全轮换更新机制

储备物资是一个相对概念，储备物资的适用性（有效性）除受社会发展阶段、技术进步等因素的影响，还与储备物资本身的产品特性有关，为此需要对库存储备物资进行轮换更新。当前，各储备管理部门在轮换方面存在一些共性问题：一是现行管理体制下储备管理部门“两头在外”④，部门封闭运行，静态存储，轮换更新机制不顺畅，超期存储问题突出；二是受储备重社会效益轻经济效益，重数量轻使用价值等影响导致大量物资闲置浪费，经济损失严重；三是由于商品市场价格波动风险以及有关损耗导致在储备物资轮换中出现亏损，相应的补偿机制不健全。

针对这些问题，应进一步完善储备轮换机制，按照保证供给（数量指标）、储新出旧（质量指标）、过程稳定的总体原则，进一步完善储备管理体制，加强储备部门和上下游生产流通环节的有机融合，统筹运用实物形式轮换和技术、能力等非实物形式轮换，强化储备轮换法律支撑和制度保障，明确轮换方法、步骤，加快搭建储备物资轮换更新信息系统和电子交易平台，提高轮换的决策和运行效率。

对通用性较强的储备物资可更多考虑通过引导和鼓励企业建立义务储备或商业储备。另外有研究提出利用期货市场实现轮换，这一方面可利用期货市场及时

---

① 刘妍杉. 国家粮食临时收储政策问题研究［D］. 中国民族大学，2016：33－34.

② 江芬芬. 储备棉竞卖底价4月起下调棉花临时收储制度逐步退出［N］. 金陵晚报，2014－03－26.

③ 佚名. 后收储时代下的棉花市场分析［EB/OL］. http：//www.zhaoshang100.com/html/zx/103298.html，2014.

④ 所谓“两头在外”，是指储备管理部门一般只付出储备物资的仓储，与商品生产、流通等环节割裂，导致储备物资与社会需求不匹配。

轮换更新并实现套期保值，防止储备轮换时因行情波动导致的亏损。另一方面可利用期货市场的价格发现功能确定轮换时机，合理安排储备物资轮换数量①。

第二节　提升储备运作管理水平

一、优化储备品种规模布局，提升储备综合保障能力

储备品种规模布局是衡量储备综合保障能力的重要体现。但在储备实际运行中，存在储备品种与经济社会发展需要不相符，储备规模总量不合理，储备仓储布局分散且仓库功能不完善等问题。这在很大程度上影响储备的综合保障能力，并造成巨大的资源浪费。针对这些问题，在国家储备改革发展过程中应着重做好以下三方面工作。

（一）动态优化调整储备品种结构

如前所述，储备需求随国民经济和社会发展不断变化，因此储备品种必然是动态调整变化的，这就要求储备部门进一步加快建立有效的储备需求形成机制，及时优化调整储备品种结构。

我国所处的国内外发展环境更加错综复杂，外部环境不稳定、不确定因素明显增多，我国发展面临的风险挑战加大②。与此同时，当前储备面临的政治、经济、社会、技术环境发生深刻变化，储备的品种规模布局无疑也必须针对这些风险和变化做出调整，适应新时期、新情况、新任务要求。在优化调整储备品种结构方面，要综合考虑当前我国国内外政治、经济、军事形势以及所处的社会发展阶段对重要能源资源和重要商品的需求特点，在加强风险评估和分析研究的基础上及时提出品种优化调整建议。当前，储备品种调整要密切关注国防军工、战略性新兴产业（国家重大科技专项、《中国制造 2025》）用途资源，确保国家重大

---

① 王军生，刘涛，吕为民．战略器材轮换机制研究［J］．国防科技，2011（6）：60.

② 参见《中华人民共和国国民经济和社会发展第十三个五年规划纲要》。

战略、重要专项、重点领域中急需、紧缺、关键物资的可靠供应。

关于储备物资的商品形态，根据我国国民经济和社会发展阶段，建议压缩各类矿石、未经提炼的氧化物或纯金属的储备规模，聚焦国防军工、战略性新兴产业等重点领域，增加高纯度氧化物、合金或合成材料等下游关键产品的储备。根据2016财年美国储备执行报告，目前美国战略物资储备中心正在围绕如何识别和量化供应链中下游相关风险，以及如何识别和追踪从个人到国防全部领域的各类复杂供应链等相关问题探索新的分析方法和模型，从而为确定储备物资的品种型号提供依据。这种做法对储备部门调整优化物资储备品种结构具有一定的借鉴意义。

（二）科学确定储备规模，保持合理社会库存总量

物资储备本身是库存的一种特殊存在形式。一般来说，库存是为满足未来需要而暂时限制的资源①，按库存在再生产过程中所处的领域分，库存可分为生产库存、流通库存和国家储备②。库存的存在有利有弊：一方面库存能够起到稳定生产流通，有效缓解供需矛盾等积极作用；另一方面库存占用大量资金，并可能因为库存被盗或者受损增加库存维护费用，进而造成资源浪费。有人形象地用“企业离不开的恶魔”来形容库存。对于库存，关键是要保持合理库存规模，这样既能保证社会再生产平稳有序，又可以有效控制库存成本，避免资源闲置浪费。

不同商品的社会库存规模与其生产消费特点和市场规模、生产（运输）周期、市场价格等因素有关，因此应当有针对性地建立社会库存计量模型，合理确定社会库存。储备是社会库存的有机组成部分，与生产库存、流通库存、消费库存一同构成了社会总库存。储备并非为储而储，储备规模的确定应当综合考虑社会库存总规模和现有库存结构，并通过科学方法测算。

（三）加快物资储备基地建设

目前，储备物资在仓储布局和储存管理方面的问题主要表现在三个方面：一是布局分散、管理分割导致储备仓库等物流设备设施重复建设和闲置浪费、指挥协调和信息共享难度大等问题突出。二是储备仓库功能单一、物流现代化水平低导致储备在仓储、装卸搬运、运输衔接等环节的物流效率低、应急投送能力弱。

① 侯玉梅，徐良，马利军. 物流工程［M］. 北京：清华大学出版社，2011：168.

② 王利，许国银，黄颖. 现代物流管理［M］. 北京：中国物资出版社，2006：294－295.

三是储备仓库运营管理不符合现代仓储物流发展趋势①导致储备仓库管理效率低、储备物资储存保管成本高。

针对以上问题，结合储备优化布局、提升管理的现实需要以及现代仓储物流发展趋势，建议加快建设和形成规模化、综合化的战略物资储备基地。从战略物资储备基地的功能上看，一方面具备运输衔接、信息处理、综合管理的基础仓储物流功能，另一方面具备管理示范、教育培训、物流增值服务等延伸功能②。加快战略物资储备基地建设，首先，打破各类储备物资布局分散的布局模式，有利于推动各储备部门融合发展和资源整合。其次，搭建储备物资综合管理和指挥调度平台，实现各类储备物资的科学管理、信息集成、合理调度（包括运输方式选择、路径规划等）、快速集散、精准投送，同时发挥规模效应，降低储备运行成本。最后，符合现代仓储物流发展趋势，通过完善仓储，装卸搬运、运输衔接、信息处理、综合指挥等物流功能和运用先进的现代物流技术、装备，提高管理效率和物流组织效率。

二、夯实基础，提高储备管理现代化

我国储备管理较为规范，各储备部门结合自身特点形成了较为系统的管理体系。但总体而言，各储备部门中传统管理占主流，各种现代化的管理、技术和方法仍未得到广泛运用，具体表现为：基础管理水平低，管理创新不足；部门封闭发展，规范化、标准化发展滞后；技术装备落后，自动化、智能化、信息化发展缓慢。针对以上问题，建议我国各储备部门进一步夯实基础，逐步提高储备管理现代化水平，着重做好以下三个方面：

（一）健全规章制度，加强基础管理

各储备相关部门应更新管理理念，借鉴社会仓储物流企业先进管理经验，引进和融合全面质量管理、职业健康安全管理、环境管理等管理体系的管理理念和管理方法。在现有管理框架和规章制度基础上，健全储备物储存保管、设备设施

---

① 《2013 年度中国仓储行业发展报告》指出，现代仓储物流发展呈现六大趋势：服务功能不断完善，向仓配一体化发展；资源整合速度加快，向仓储经营网络化发展；市场进一步细分，向仓储专业化发展；新兴业态逐步成熟，向规模化发展；行业标准广泛实施，向仓储管理规范化发展；技术改造加快推进，绿色环保成为新趋势。

② 杨子健．建设国家战略物资储备基地建议［J］．宏观经济管理，2011（1）：37－38.

维护和检修、安全保卫和监督管理、人事财务等相关管理制度，夯实基础管理，推动储备管理制度化、规范化。

完善制度的同时要强化制度执行。加快建立和完善储备单位内部绩效考核和约束激励机制，落实管理责任。各单位要加强内部管控和责任追究，主动接受内外部监督检查，保证国家储备物资数量准确、质量合格、储存安全。

（二）加快推动储备管理标准化

标准化是社会化大生产和现代化管理的重要支撑，也是近年来我国推动服务业、社会事业和公共安全领域等领域改革发展的重要抓手。2012 年以来，国家标准化管理委员会联合 26 个部委相继联合印发了《社会管理和公共服务标准化工作“十二五”行动纲要》《社会管理和公共服务标准化发展规划（2017 ~ 2020 年)》，以适应社会管理和公共服务发展的新要求，给出了我国社会管理和公共服务标准化工作。《社会管理和公共服务标准化发展规划（2017 ~ 2020 年)》对我国社会管理和公共服务标准化工作做出了持续、系统的安排部署。

各储备部门应当借鉴和参考社会相关组织和机构先进的管理理念、方法和标准，实现在组织机构和管理职责、岗位设置与工作标准、基础设施配置、工作流程、工作质量等管理方面的规范化和专业化，从而快速提升自身管理水平，实现科学发展。同时，各储备不能封闭发展，应有效对接与储备需求相关的行业产业技术、管理、工作等方面的标准，合作互通，融合发展。

当前，各储备部门标准化发展水平差异较大。此次国务院机构改革后新成立国家粮食和物资储备局，将对我国战略和应急物资储备进行统一管理，这为加快推动储备标准化发展步伐创造了良好的组织基础，建议储备管理部门尽快组建国家粮食和物资储备标准化委员会，建立健全标准化组织和运行机制，统筹推进储备标准化工作，完善储备标准体系，有计划、有组织地推动工作标准、技术标准和管理中重要标准的研究制定以及与外部标准的融合衔接，加强标准的培训和执行。

（三）加快储备自动化、信息化建设

自动化、信息化、智能化是现代物流的显著特点，也是我国储备发展的重要方向。第一，加快提高储备自动化水平。自动化有利于大幅提升储备仓库作业能力，减少作业差错，提高劳动生产率。各储备部门应加强投入，提高设备设施自动化水平，加快射频自动识别、自动定位等自动化技术应用推广。第二，高度重视储备信息化。信息化是管理现代化的基础和支撑。就储备而言：一是加大信息化基础设施投入，加快办公自动化和相关业务信息系统建设；二是加快实现数据标准化，推进信息技术规范、制度和数据编码标准化建设；三是加快建立数据中心和信息交换平台，实现主要业务数据的汇总、上传、分析、使用平台化，为储备管理提供决策信息支持。

第三节　强化储备理论和法治保障

一、加强储备理论支撑

改革开放以来，市场理论成为社会各领域理论研究关注的焦点，虽然不乏市场流通领域的相关研究，但多数集中在市场流通体制、库存等方面，鲜有专门就国家储备理论进行的专门研究。综观鲜有储备理论研究成果，大部分浮于表面，浅尝辄止，缺乏系统性和连续性，尤其是在国家储备的作用机制和运行原理等方面缺乏基础性理论研究，尚未形成一套完整的储备理论体系。基于这种现状，建议从以下几个方面着手加强储备理论体系建设。

（一）高度重视储备理论基础研究

扭转目前快餐化的储备理论研究模式，深入探索储备运行规律，明确储备的基本内涵、作用机制、运行原理，夯实储备理论研究的经济学、管理学基础。建议各储备部门在实际工作中调整储备软科学项目立项思路，将储备基础理论研究提上计划日程并给予专项支持，同时建议我国社会科学管理部门加大对储备基础理论研究的经费投入，逐步夯实储备基础理论①。

（二）加快储备理论体系构建和学科建设

建立储备理论研究学会，通过基金立项引导研究机构在梳理整合现有各类研究成果以及吸收和借鉴其他学科成熟理论的基础上构建储备理论体系，积极推动

---

① 杨子健，刘利娟．国家储备理论研究特征分析［J］．综合运输，2016：46.

储备理论体系下各板块理论创新和成果总结推动。同时，以高等院校为阵营推动储备研究，加强相关院校储备专业设置，在仓储物流、市场流通等专业增设储备基础理论相关内容，引起专家学者和广大师生的关注和研究热情。

二、加快储备法治化进程

我国储备立法工作相对滞后，大多数涉及储备的法律文件仅将储备作为附带性的立法内容夹杂其中，且有很多规范性文件年代久远，修订不及时，已经无法适应当前我国经济社会发展以及储备工作的实际需要。针对目前我国储备立法现状，建议从以下几个方面加快储备法制化进程。

（一）完善我国储备法律体系

结合我国储备管理实际，按照“顶层统筹，条块分类立法”的原则加快储备法律体系框架建设。

所谓顶层统筹是指，以宪法为依据，按照《中华人民共和国国家安全法》《中华人民共和国国防法》《中华人民共和国国防动员法》《中华人民共和国农业法》《中华人民共和国价格法》等上位法要求，由全国人大或者全国人大常委会制定储备基本法，必要时在宪法中予以适当体现。

所谓条块分类立法，是指根据我们目前储备管理体制，按照战略物资储备大类分别进行立法，如粮食储备、石油储备、有色金属储备、稀土储备等。目前《中央储备粮管理条例》已经出台、《国家石油储备条例》也即将出台，这两部储备法规均按照战略物资储备品种进行立法。这种立法方式具有较强的针对性和可操作性，能够对某类战略物资储备相关活动进行法律规范。

（二）加快研究制定储备基本法

储备领域至今没有一部针对整个国家储备的专门法律，使储备及其立法工作缺乏统领，因此当前应加快研究制定“国家储备基本法”，建议明确以下几方面内容：一是明确国家储备的基本属性和目的作用；二是明确国家储备管理体制和相关部门的责权关系；三是明确国家物资储备资金的来源与使用等相关内容；四是对国家储备收储、动用等重要活动做出原则性规定。

参考文献

［1］张萍. A 电力物业企业战略研究［D］. 南京理工大学，2007.

［2］MBA 智库百科. 多角化经营战略［EB/OL］. https：//wiki. mbalib. com/wiki/多角化经营战略，2018.

［3］杨其滨，修明慧. 加快我国公用事业产权多元化、市场化进程的理论与政策策略［J］. 经济研究导刊，2008（14）.

［4］黄华，杨平. 公共产品多元化提供与行政体制改革［J］. 理论与改革，2006（2）.

［5］冯俏彬. 政府失灵与公共产品的多元化提供［J］. 地方财政研究，2013（2）.

［6］陈旭. 中国高等教育多元化投资体制研究［D］. 湘潭大学政治经济学，2007.

［7］黄明欣. 公共产品供给机制创新及其法律规制［J］. 华中农业大学学报（社会科学版），2008（3）.

［8］孟凡霞. 外管局重申外汇储备多元化方向：欧洲市场仍是中国主要投资市场［N］. 北京商报，2010－05－28.

［9］郎维维. 中国外汇储备多元化管理探析［J］. 东南亚纵横，2008（2）.

［10］全军军事术语管理委员会，军事科学院. 中国人民解放军军语［Z］. 北京：军事科学出版社，2011.

［11］范力. 国家实物储备调控机制分析［D］. 中国社会科学院，2002.

［12］郑俊峰. 开放经济下国家物资储备调控机制研究［D］. 厦门大

学，2009.

［13］何盛明．财经大词典·上卷［M］．北京：中国财政经济出版社，1990.

［14］［苏］科兹洛夫，［苏］别尔符申．简明经济学词典［M］．北京：人民出版社，1958.

［15］林文益．论市场经济条件下的国家物资储备［J］．北京商学院学报，1997（6）．

［16］张永林，赵英，石玉昆．国家储备物资的属性功能及其作用价值［J］．中国人口·资源与环境，2010（1）．

［17］阮洸华．现代财政金融理论指南［M］．北京：中国商业出版社，1991.

［18］王国清，马晓，程谦主．财政学［M］．北京：高等教育出版社，2006.

［19］徐永东．我国国家战略物资储备创新模式研究［D］．天津大学，2007.

［20］安亮．直击台湾战略物资储备［N］．战士报，2004－02－24（003）．

［21］张汝涛等．中华人民共和国国防动员法释义［M］．北京：中国法治出版社，2010.

［22］黄承雷．浅析美国石油储备的动用方式和效果［J］．管理观察，2013（19）．

［23］姜小文，韩永飞．我国应急物资储备体系优化探析［J］．淮北职业技术学院学报，2013.

［24］中华人民共和国国家标准：物流术语［M］．北京：中国标准出版社，2006.

［25］汝宜红．物流运作管理（第二版）［M］．北京：清华大学出版社，2013.

［26］陈超．新公共管理视角下我国公共部门人力资源管理研究［D］．燕山大学，2012.

［27］千千．信息管理对信息化发展的重要性［EB/OL］．http：//www. ciotimes. com/baike/57731. html，2010.

［28］张所续．矿产资源战略储备与国家安全［J］．中国矿业，2010（10）．

［29］张新安．国外矿产资源储备历史及现状［J］．国土资源情报，2002（2）．

［30］佚名．美国矿产储备政策的简要回顾［J］．现代矿业，2009（2）．

［31］杨子健，李威．中国石油储备体系的发展现状与建议［J］．国际石油经济，2015（9）．

［32］费明明，赵鹏大，陶春中．美战略石油储备的比较研究［J］．中国科技论坛，2011（2）．

［33］王蓓萨．20世纪70、80年代美国的能源外交［D］．哈尔滨师范大学，2010.

［34］王克强，俞虹．美、日两国矿产资源储备机制及其对我国的启示［J］．经济体制改革，2011.

［35］徐衍坤．日本全球矿产资源战略及储备制度简介（上）［J］．金属世界，2008（3）．

［36］王边莲．浅谈我国矿产资源储备战略［J］．矿产保护与利用，2011（4）．

［37］周浩，陈其慎．日本矿产资源储备及对我国的启示［J］．中国矿业，2011（S1）．

［38］裴军．日本向沙特提出“石油共同储备构想”［N］．中国青年报，2007－04－30.

［39］佚名．沙特、阿联酋在日本储存原油超一千万桶［EB/OL］．http：//www. mof－com. gov. cn/article/i/jyjl/k/201707/20170702608333. shtml，2017.

［40］陈家勤．中国能源供应安全的战略选择［J］．时代经贸，2008（4）．

［41］马苏．我国粮食储备制度：问题与完善［D］．中南民族大学，2010.

［42］王亚明，陈伟特．加强新时期国防交通物资储备建设的思考［J］．国防交通工程与技术，2013（5）．

［43］邱军平．国家棉花储备宏观调控研究［D］．清华大学公共管理学院，2005.

［44］郑洁．中央储备肉制度的发展及其重要作用［J］．全国商情（理论研究），2010.

［45］杨威．解密国家煤炭应急储备［J］．中国经济和信息化，2011（4）．

［46］费佐兰，余志刚．中国粮食储备制度的历史变迁和发展趋势［J］．世界农业，2015（3）．

［47］鲁晓东．试论我国中央粮食储备制度的进一步变革（上）［J］．调研世界，2001（5）．

［48］宋洪远．稳步推进国家粮食储备制度改革［J］．中国乡村发现，2017（3）．

［49］彭呈仓．区域型战略物资储备研究［M］．北京：国防大学出版社，2012.

［50］全军军事术语管理委员会，军事科学院．中国人民解放军军语（全本）［Z］．北京：军事科学出版社，2011.

［51］赵飞鹏．军委联勤保障部队是一支什么样的力量［N］．中国青年报，2016－09－14（4）．

［52］国务院机构改革方案［N］．人民日报，2018－03－18（6）．

［53］李德民，潘震．公共产品多元化供给背景下的政府职能［J］．长春工业大学学报（社会科学版），2010，22（1）．

［54］李英成，施旭中．论军队储备物资的管理［J］．军事经济研究，1996，（6）．

［55］国防部．《中国的军事战略》白皮书［EB/OL］．http：//www.mod.gov.cn/regulatory/node_ 47121.htm，2015.

［56］肖磊．黄金投资中的稳赚与巨亏［N］．中国报道，2010－12－01.

［57］陈洪．财政学（第五版）［M］．北京：人民大学出版社，2007：149.

［58］中华人民共和国国家统计局．中国统计年鉴 2017［M］．北京：中国统计出版社，2017.

［59］丁显洋．组织社会学（第二版）［M］．北京：中国人民大学出版

社，2009.

［60］皮磊．2016 年全年捐赠总额达 1392.94 亿元［N］．公益时报，2017－11－07.

［61］黄进．中小医药流通企业存货管理策略研究［D］．贵州财经大学，2017.

［62］李泽斌．基于杠杆的分级基金的设计及定价研究［D］．辽宁大学，2012.

［63］陈小竹．中国黄金储备合理规模研究［J］．黄金，2012（6）.

［64］杨大志．政治安全是国家安全的根本［N］．解放军报，2018－04－20.

［65］余飞．“国土安全”是国家安全基础中的基础（第四版）［N］．法制日报，2014－04－26.

［66］马平．论军事安全与国家利益［J］．国防，2006（4）.

［67］中华人民共和国国务院新闻办公室．中国的军事战略［Z］．2015.

［68］谷源洋，谈世中，马杰．经济全球化与国家级经济安全［M］．北京：经济科学出版社，2002.

［69］韩民青．文化论［M］．南宁：广西人民出版社，1989：73－133.

［70］耿识博．澳大利亚文化保护管理体制及对中国的启示［J］．行政管理改革，2011（1）.

［71］宋国华．保险大辞典［M］．沈阳：辽宁人民出版社，1989：545.

［72］沈孟璎．新中国 60 年新词新语词典［M］．成都：四川出版集团，四川辞书出版社，2009.

［73］刘静．社会安全与政治安全、经济安全关系辨析［J］．滨州学院学报，2010（2）.

［74］林聪榕，李自力．关于科技安全问题的理论思考［J］．科技管理研究，2007（12）.

［75］张焕国，王丽娜，黄传河等．信息安全学科建设与人才培养的研究与实践［A］//全国计算机系主任（院长）会议论文集［C］．北京：高等教育出版社，2005.

［76］陈国阶．论生态安全［J］．重庆环境科学，2002（3）．

［77］杨京平．生态安全的系统分析［M］．北京：化学工业出版社，环境科学与工程出版中心，2002：131－132，129.

［78］沈同强，张文宇．认清当前核安全威胁形势提升军队核应急处置能力［J］．核安全，2018.

［79］李婧．习近平五大发展理念之二：协调是手段又是目标［EB/OL］．中国经济网，2016.

［80］任民．国防动员：平时服务·急时应急·战时应战［J］．国防，2007（4）：14－17.

［81］赵海娟，包蕴涵．建立公共政策评估制度是大势所趋［J］．工会信息，2014（26）：12－14.

［82］刘旭涛．如何推进政府绩效管理［N］．人民日报，2013－07－03（7）．

［83］朱广忠．西方国家政府绩效评估：特征、缺陷及启示［J］．中国行政管理，2013：108.

［84］靳琮旻．服务型的政府绩效评估研究［J］．现代商贸工业，2016（33）：253－355.

［85］刘妍杉．国家粮食临时收储政策问题研究［D］．中国民族大学，2016：33－34.

［86］江芬芬．储备棉竞卖底价 4 月起下调棉花临时收储制度逐步退出［N］．金陵晚报，2014－03－26.

［87］佚名．后收储时代下的棉花市场分析［EB/OL］．http：//www. zhaoshang100. com/html/zx/103298. html，2014.

［88］王军生，刘涛，吕为民．战略器材轮换机制研究［J］．国防科技，2011（6）：60.

［89］侯玉梅，徐良，马利军．物流工程［M］．北京：清华大学出版社，2011：168.

［90］王利，许国银，黄颖．现代物流管理［M］．北京：中国物资出版社，2006：294－295.

［91］杨子健．建设国家战略物资储备基地建议［J］．宏观经济管理，2011：37－38.

［92］杨子健，刘利娟．国家储备理论研究特征分析［J］．综合运输，2016：46.

后 记

这部书稿在我手上压了近三年时间，断断续续，每次都因各种琐事暂时搁置。时至今日，终于成稿，勉强能和读者见面。

参加工作以来，一直从事储备研究工作，相对于其他热门领域，专门研究实物储备的专家学者少之又少，因此实物储备的专著也是少之又少，即使有也多为对单一品类储备进行研究。因此，对于一个新接触实物储备工作的人来说，很难找到现成的理论和方法作为参考，这一点在我参加工作之初深有体会，只能通过不断学习和实践慢慢积累。本想草草收尾，但如此一来对不住各位读者，也对不住自己的内心，真心想把十余年积累的储备知识和对储备工作的浅显思考与大家共同分享，抛砖引玉，为储备理论研究的薪火相传做出些许贡献。

写作期间，工作生活各样事务繁杂，得到了家人和同事们的无私帮助和支持。在此特别感谢我的妻子，她无怨无悔操持家务，给予我无私的支持和鼓励。感谢我的三个活泼可爱的孩子，在我疲倦之余给我带来欢乐和慰藉。同时也感谢我的父母和其他家人给予的各种帮助。写作期间，郑宏凯、陈林、张晶、郭红等领导和同事给予了大力支持和帮助，启发思路，提供资料，因此本书也凝结了他们的智慧和心血，在此一并感谢。最后感谢出版社、何蒂编辑及参与本书出版的工作人员，你们的辛勤付出和大力推动才使本书得以顺利出版。

国家储备肩负着维护国家安全的神圣使命，国家储备事业改革发展之路任重而道远。2018 年，党中央对党和国家机构进行重大改革和调整，新组建了国家粮食和物资储备局，有效整合各类实物储备资源，推动建立统一的国家物资储备体系，对国家储备改革发展具有重要里程碑式意义，也令广大储备工作者欢欣鼓舞。由于个人认识和知识储备等方面的原因，本书难免存在许多不足之处。如果本书的出版能对广大储备工作者和相关研究人员有所启发，引起理论和实践层面的进一步探讨，将不胜欣慰。